SEGREGACIÓN Y SALUD LABORAL DESDE LA PERSPECTIVA DE GÉNERO

EDITORIAL
UNIVERSIDAD DE SEVILLA

SEGREGACIÓN Y SALUD LABORAL DESDE LA PERSPECTIVA DE GÉNERO
Un análisis basado en la evidencia

Nuria Gamero y Donatella Di Marco (coords.)

INVESTIGACIÓN E INTERVENCIÓN EN PSICOLOGÍA
EDITORIAL UNIVERSIDAD DE SEVILLA
2025

COLECCIÓN INVESTIGACIÓN E INTERVENCIÓN EN PSICOLOGÍA: 8
EDITORIAL UNIVERSIDAD DE SEVILLA

Proyecto desarrollado por el equipo de investigación del Laboratorio-Observatorio de Salud Laboral desde la Perspectiva de Género (LAOGEN), del Instituto Andaluz de Prevención de Riesgos Laborales (IAPRL) de la Junta de Andalucía, y asignado a la Universidad de Sevilla.

DL: SE 3038-2025
ISBN: 978-84-472-2796-9
Impreso en papel ecológico
Maquetación: Intergraf
Impresión: Podiprint

Índice

PRÓLOGO

La segregación de género en el ámbito laboral es una problemática que, a pesar de los avances en equidad e inclusión, sigue vigente en numerosas sociedades y sectores productivos. La división del trabajo basada en el género ha condicionado durante siglos el acceso a oportunidades y, de manera menos evidente pero igualmente relevante, la salud de las personas trabajadoras, impactando de manera directa en el bienestar físico y mental de quienes se enfrentan a estas barreras estructurales.

La segregación de género en el mundo del trabajo puede manifestarse de diversas maneras, entre ellas la división horizontal, que asigna a mujeres y hombres a sectores laborales tradicionalmente feminizados o masculinizados, y la segregación vertical, que limita el acceso de las mujeres a puestos de mayor jerarquía. Esta realidad tiene repercusiones significativas en la salud laboral, ya que los entornos laborales altamente masculinizados o feminizados pueden conllevar riesgos específicos que afectan de manera diferencial a las personas trabajadoras en función de su género.

Uno de los efectos más notorios de la segregación de género en la salud laboral es la carga de trabajo desigual y su impacto en la salud mental. En muchos casos, las mujeres asumen no solo sus responsabilidades laborales sino también una parte desproporcionada de las tareas del hogar y el cuidado de familiares, lo que genera un doble esfuerzo que puede derivar en agotamiento, estrés crónico y otras afectaciones psicosociales. Por otro lado, en sectores tradicionalmente dominados por hombres, las mujeres pueden verse expuestas a discriminación o dificultades para el acceso a medidas de protección adecuadas, lo que incrementa su vulnerabilidad ante riesgos ocupacionales.

Los estudios sobre salud laboral han evidenciado que los riesgos laborales no afectan de la misma manera a hombres y mujeres. Mientras que en sectores feminizados como la salud, la educación o el trabajo doméstico, los riesgos suelen estar relacionados con enfermedades musculoesqueléticas, desgaste emocional y exposición a agentes biológicos, en sectores masculinizados como la construcción o la minería predominan la exposición a sustancias tóxicas y las exigencias físicas extremas. Sin embargo, las políticas de seguridad y salud ocupacional han tendido a generalizar los protocolos, sin considerar estas diferencias de género, lo que pone en desventaja a determinados grupos de personas trabajadoras.

Para enfrentar esta problemática, es imprescindible una perspectiva de género en las políticas de salud laboral. La inclusión de medidas como la adaptación de equipos y espacios de trabajo, la creación de protocolos específicos para la prevención del acoso y la discriminación, y el diseño de estrategias de prevención de riesgos que consideren las necesidades diferenciadas de hombres y mujeres, son pasos fundamentales para garantizar condiciones de trabajo equitativas y seguras.

El objetivo de este libro es analizar de manera crítica la relación entre la segregación de género y la salud laboral, visibilizando sus efectos y proponiendo soluciones que permitan avanzar hacia un mundo del trabajo más justo e igualitario. Se busca proporcionar un panorama amplio sobre esta problemática, así como incentivar la reflexión y el compromiso de los distintos actores involucrados en la construcción de ambientes laborales libres de discriminación y con un enfoque integral de bienestar.

Confiamos en que esta obra contribuirá a ampliar el debate sobre la importancia de la equidad de género en el ámbito laboral y su impacto en la salud de las personas trabajadoras, promoviendo cambios necesarios para la erradicación de desigualdades históricas y la creación de espacios laborales donde la seguridad, el respeto y la dignidad sean pilares fundamentales.

Luis Roda Oliveira
Director-Gerente del Instituto Andaluz
de Prevención de Riesgos Laborales

Director General de Trabajo, Seguridad y Salud
Laboral de la Junta de Andalucía

1. DESARROLLO DE LA GUÍA SOBRE SEGREGACIÓN Y SALUD LABORAL DESDE LA PERSPECTIVA DE GÉNERO

Nuria Gamero
Donatella Di Marco
Lourdes Munduate
Universidad de Sevilla

1.1. Justificación de la guía sobre segregación y salud laboral desde la perspectiva de género

La segregación de género, entendida como la tendencia a que hombres y mujeres trabajen en diferentes ocupaciones y en distintos sectores laborales, es considerada como un área prioritaria en la integración de la perspectiva de género en diagnósticos e intervenciones sobre la salud laboral (Agencia europea para la Seguridad y la Salud en el Trabajo [EU-OSHA], 2016; EU-OSHA, 2023a; Organización Internacional de

Trabajadores [OIT], 2013; Organización Mundial de la Salud [OMS], 2011). Esto es debido al impacto diferencial que la segregación tiene sobre los riesgos laborales a los que hombres y mujeres se enfrentan y, por tanto, sobre el bienestar y la salud de ambos colectivos. La tendencia a la segregación de género es una característica de todas las sociedades dándose también en los países ricos e industrializados, en general, y en particular en los países de la UE como España (Blackburn *et al.*, 2002). A pesar de que las mujeres constituyen más del 50 % de la población mundial (EU-OSHA, 2023a), estas siguen enfrentando situaciones de desventaja que se reflejan en distintos ámbitos. Estas diferencias se manifiestan en los patrones de participación de hombres y mujeres en el mercado laboral, la vida pública y política, el trabajo doméstico no remunerado, las tareas de cuidado y las oportunidades educativas para jóvenes de ambos sexos.

Este fenómeno tiene sus raíces en la división de roles, que, aunque ha evolucionado con el tiempo, sigue reproduciéndose en las sociedades modernas. Esto es consistente con la Teoría de los Roles Sociales (Eagly *et al.*, 2000). Este tipo de segregación reduce las opciones de vida, educación y empleo, conduce a una remuneración desigual, refuerza aún más los estereotipos de género y limita el acceso a ciertos trabajos al tiempo que perpetra la desigualdad de género en las relaciones de poder en el ámbito público y privado (Abrahamsson, 2002).

La segregación vertical implica la mayor concentración de mujeres en puestos inferiores en la jerarquía y en trabajos no cualificados (EU-OSHA, 2016). Aunque cada vez más mujeres ocupan puestos de supervisión, estas siguen estando infrarrepresentadas en puestos de responsabilidad y suelen ser supervisoras de otras mujeres (EU-OSHA, 2014). La segregación vertical se traduce en salarios más bajos para las mujeres, una brecha entre hombres y mujeres que se acentúa en sectores feminizados y a medida que aumenta la edad (EU-OSHA, 2016). Además, las mujeres realizan, en mayor medida, trabajo informal, temporal, no remunerado y a tiempo parcial (EU-OSHA, 2014; EU-OSHA, 2016; EU-OSHA, 2023a; OIT, 2013).

La segregación horizontal consiste en la tendencia de hombres y mujeres a trabajar en sectores económicos diferentes. Así, podemos distinguir entre sectores que tienden a ser feminizados (p. ej., educación, atención sanitaria, *retails*) y masculinizados (p. ej., construcción, transporte, tecnología). Los sectores feminizados, dominados principalmente por mujeres, suponen una mayor exposición a determinados riesgos psicosociales, ergonómicos e higiénicos por diferentes motivos (EU-OSHA, 2016; EU-OSHA, 2023a).

El impacto de ambas formas de segregación en la salud de las trabajadoras y trabajadores hace necesario que las organizaciones introduzcan la perspectiva de género en el ámbito de la salud laboral. Esto implica elaborar y poner en práctica planes y actuaciones que garanticen la buena gestión de la salud laboral de mujeres y hombres reduciendo la segregación de género en el trabajo. Conocer cuáles son las principales pautas y recomendaciones para el diagnóstico y la intervención en la segregación laboral de género dentro de las organizaciones facilitará el desarrollo y la implementación de políticas y prácticas que persigan este fin.

Asimismo, si bien la segregación vertical y horizontal afecta a todas las mujeres, el pertenecer a uno o más grupos vulnerables o en riesgo de exclusión (en términos de etnia, edad, orientación sexual, identidad de género, discapacidad) podría ser un factor acelerador de dichos procesos de segregación, como así lo han destacado varias instituciones a nivel europeo e internacional (Comisión Europea, 2014; EU-OSHA, 2016; OIT, 2016; OMS, 2011). Las mujeres de grupos vulnerables suelen tener ingresos inferiores y trabajan en condiciones más precarias y menos saludables que los hombres que pertenecen a dichos grupos (EU-OSHA, 2023a). Así pues, se hace además necesario analizar los procesos de segregación y la salud laboral de colectivos específicos desde la perspectiva de género.

1.2. Objetivos de la guía

El objetivo general de la presente guía sobre segregación y salud laboral desde la perspectiva de género es establecer una serie de recomendaciones y pautas de diagnóstico e intervención con el fin de apoyar a los agentes sociales y a las organizaciones en la gestión y evitación de la segregación laboral desde la perspectiva de género en las distintas fases de su desarrollo.

Los objetivos específicos de la guía son los siguientes:

1. Examinar la evidencia empírica existente sobre la relación entre segregación en el puesto de trabajo, vertical y horizontal, y salud laboral desde la perspectiva de género.
2. Examinar la evidencia empírica existente sobre la relación entre segregación en el puesto de trabajo, vertical y horizontal, y la salud laboral en función de colectivos específicos de mujeres (interseccionalidad).
3. Contactar con expertos y expertas con el fin de contrastar los resultados de la revisión de las evidencias empíricas y elaborar las recomendaciones y pautas de actuación, mediante entrevistas estructuradas y sesiones de grupos focales.
4. Aportar las claves para gestionar la segregación laboral desde la perspectiva de género en todas las fases de su desarrollo.

1.3. Metodología

Para alcanzar los objetivos del proyecto se ha seguido una metodología de trabajo compuesta de tres fases.

1.3.1. *Primera fase. Revisión sistemática de las evidencias empíricas*

Para alcanzar los objetivos específicos 1 y 2 se ha llevado a cabo un análisis sistemático de las evidencias empíricas existentes sobre mujeres, colectivos protegidos y segregación vertical y horizontal. Para dicha revisión, se ha accedido a las bases de datos más relevantes en el área (p. ej., Web of Science, Psycinfo). Con ello se pretendía: 1) partir de una adecuada y rigurosa conceptualización de la segregación laboral de género, 2) alcanzar una comprensión global sobre el estado de la cuestión respecto a la relación entre segregación de género y salud laboral, 3) aportar evidencias sobre la relación entre segregación en el puesto de trabajo y salud laboral en función de colectivos específicos de mujeres, 4) conocer los principales determinantes de la segregación de género en las organizaciones así como las políticas que se están llevando a cabo en la lucha contra la segregación y 5) elaborar un listado de pautas y buenas prácticas, extraídas de los resultados de las evidencias analizadas, para el diagnóstico e intervención en los riesgos laborales desde la perspectiva de la segregación de género.

Tabla 1. Áreas de actuación derivadas de la revisión sistemática

1. Segregación horizontal y segregación vertical
2. Segregación de género y riesgos psicosociales
3. Segregación de género y riesgos ergonómicos e higiénicos
4. Interseccionalidad en la segregación de género
5. Factores determinantes de la segregación de género
5.1. Perpetuación de los roles de género tradicionales
5.2. Discriminación
5.3. Elección de las propias mujeres
5.4. Acceso a recursos, poder y estatus
6. Políticas para prevenir o contrarrestar la segregación de género
7. Pautas de diagnóstico e intervención en riesgos laborales desde la perspectiva de la segregación de género
7.1. Planes de prevención de riesgos laborales

7.2. Políticas y prácticas de igualdad de género
   a) Reclutamiento y selección
   b) Sistema de remuneración y estructura salarial
   c) Aprendizaje y capacitación
   d) Desarrollo de carrera
   e) Acceso a puestos de responsabilidad y representación de las mujeres directivas en las áreas estratégicas de la organización
   f) Sistemas de evaluación del desempeño
   g) Equidad en tareas y ocupaciones
   h) Comunicación organizacional
   i) Medidas de conciliación
   j) Redes formales e informales
   k) Cultura organizacional
   l) Evaluación y seguimiento de las políticas y las prácticas organizacionales

1.3.2. Segunda fase. Estudio de campo para recogida de información cualitativa

Para alcanzar el objetivo específico 3 se ha desarrollado un estudio de campo, para recoger información cualitativa. Para este propósito, se han utilizado como herramientas entrevistas semiestructuradas y jornadas de grupos focales con expertos y expertas de prevención de riesgos laborales. Como se plantea en el objetivo específico 3, se trata en esta fase de contrastar los resultados de la revisión de las evidencias empíricas y elaborar las recomendaciones y pautas de actuación. La guía que se ha utilizado, tanto para las entrevistas semiestructuradas como para los grupos focales, se ha desarrollado a partir de las claves aportadas por la revisión sistemática en la fase anterior. Las entrevistas se han desarrollado *online*, a 9 expertos y expertas en la gestión de riesgos laborales, de organizaciones de diversos sectores de Andalucía. A su vez, se han desarrollado tres sesiones presenciales de grupos focales, con 4/6 participantes en cada sesión, y con las mismas características de ser personas expertas en la gestión de la prevención de los riesgos

NURIA GAMERO, DONATELLA DI MARCO Y LOURDES MUNDUATE

laborales, y especialmente en la temática de la segregación por género. Posteriormente, se ha llevado a cabo el análisis y el procesamiento de la información obtenida, y se ha realizado un resumen de recomendaciones en cada uno de los tres grandes ámbitos de intervención establecidos por la revisión de las evidencias empíricas: a) planes de prevención de riesgos laborales, b) políticas de igualdad de género y c) prácticas organizacionales de igualdad de género.

Tabla 2. Guion elaborado para las entrevistas
semiestructuradas y el grupo focal

Planes de prevención de riesgos laborales
En relación con los planes de prevención de riesgos laborales de su organización ¿se evalúa la salud y la exposición a los riesgos de trabajadores y trabajadoras incorporando la perspectiva de género?
En relación con la exposición a riesgos psicosociales ¿se promueve una adecuada organización del tiempo de trabajo, de forma que se pueda compatibilizar la vida personal y laboral y facilitar la corresponsabilidad?
En relación con la exposición a riesgos ergonómicos ¿se facilita un adecuado diseño de los puestos de trabajo, adaptando el puesto a la persona y organizando adecuadamente las tareas?
Políticas de igualdad de género
¿Existen políticas de igualdad de género en su organización? ¿Cuáles? ¿Podría describirlas?
¿Se hacen visibles estas políticas a todos/as los/as empleados/as? ¿Cómo?
¿Se facilita la participación de la mujer en el desarrollo de estas políticas?
¿Existen indicadores de género que permitan identificar la presencia de factores no funcionales para el desarrollo de carrera de las mujeres?, dicho de otro modo, ¿se han identificado y/o calculado indicadores claves en términos de diferenciación de hombres y mujeres a la hora de ocupar determinados puestos en la organización (p. ej., número de hombres y mujeres presentes a distintos niveles jerárquicos o en distintas áreas organizacionales, niveles de abandono de mujeres)?
¿Cómo se evalúa la efectividad de dichas políticas? ¿Quién lleva a cabo dicha evaluación?

Prácticas organizacionales
¿Se garantiza la presencia de mujeres en los puestos jerárquicos superiores de forma que puedan participar en la toma de decisiones y el diseño de planes y estrategias de la empresa? ¿Cómo se hace?
¿Se facilita la existencia de mujeres en áreas estratégicas de la empresa? ¿Qué medidas se adoptan en este sentido?
¿Se facilita el garantizar una igual presencia de hombres y mujeres en puestos tradicionalmente masculinos o femeninos? ¿Qué medidas se adoptan?
¿Los equipos directivos y los mandos intermedios reciben o han recibido formación en materia de igualdad de género? ¿Qué tipo de formación reciben?
¿Se incluye la perspectiva de género a la hora de diseñar y ofrecer los programas formativos a trabajadores y trabajadoras? ¿Cuándo se suelen llevar a cabo dichos programas? ¿Existen medidas que permitan tener en cuenta las necesidades de conciliación de trabajadores y trabajadoras? ¿Existen programas formativos específicos para promover el desarrollo profesional de las mujeres?
¿Existen medidas que permitan evaluar la presencia de diferencias salariales entre hombres y mujeres que ocupen un mismo puesto?
¿Se introducen mecanismos para que las ofertas de trabajo sean atractivas tanto para hombres como para mujeres? ¿Se consideran medidas para atraer como candidatos a las ofertas de trabajo tanto a hombres como a mujeres? ¿Existen medidas que permitan captar a mujeres para puestos de mayor responsabilidad?

1.3.3. *Tercera fase. Contrastación de las evidencias y la información del estudio de campo*

Para alcanzar el objetivo específico 4 se han comparado las aportaciones derivadas de la revisión sistemática de las evidencias empíricas y las conclusiones extraídas del estudio de campo con expertos y expertas, y se han elaborado recomendaciones y pautas de actuación para la gestión de la segregación laboral desde la perspectiva de género.

2. ESTADO DEL ARTE SOBRE SEGREGACIÓN DE GÉNERO Y SALUD LABORAL

Francisco J. Sanclemente
Universidad de Málaga

Nuria Gamero
Universidad de Sevilla

2.1. Segregación horizontal y segregación vertical

Para poder analizar la segregación de género se establecen diferencias entre segregación vertical y horizontal. La segregación horizontal se manifiesta en la distribución diferenciada de hombres y mujeres en ocupaciones y sectores de actividad económica (Jarman *et al.*, 2012). Así, podemos distinguir entre sectores que tienden a ser feminizados y masculinizados. En los sectores feminizados, las mujeres, a menudo, reproducen el rol tradicional de responsables del mantenimiento de la familia y el hogar (empleadas en sanidad, enseñanza, cuidados asistenciales o servicio doméstico) (Tassier, 2008). Los sectores masculinizados son la construcción, el transporte y la tecnología.

Por su parte, la segregación vertical refleja las dificultades que todavía tienen las mujeres para acceder a cargos de responsabilidad o de decisión (el llamado techo de cristal). Los hombres ocupan en mayor proporción posiciones directivas y las mujeres las posiciones menos cualificadas, tanto en los sectores feminizados como en los masculinizados (Blackburn y Jarman, 2006; Blackburn *et al.*, 2016). Aunque cada vez más mujeres ocupan puestos de supervisión, estas siguen estando infrarrepresentadas en puestos de responsabilidad y suelen ser supervisoras de otras mujeres (EU-OSHA, 2014; EU-OSHA, 2023b). Una de las claves que limita el avance de las mujeres en la jerarquía son los estereotipos existentes en torno a ellas, que las describen como pasivas y tímidas. Estos atributos se alejan de aquellos tradicionalmente vinculados a un liderazgo eficaz, los cuales suelen estar asociados a la masculinidad (esto es, agresividad, competitividad y fortaleza). Sin embargo, diferentes hallazgos muestran que atributos considerados a menudo como femeninos son beneficiosos para el éxito de la organización (p. ej., integridad, diligencia, capacidad de colaboración y sinceridad) (He *et al.*, 2019; OIT, 2004).

Incluso aun teniendo el mismo empleo, las tareas realizadas por mujeres y hombres son, con frecuencia, distintas (EU-OSHA, 2016). La segregación vertical se acentúa por el hecho que las mujeres realizan, en mayor medida, trabajo temporal y a tiempo parcial, dándose esto último no tanto de manera voluntaria sino para cumplir con compromisos de cuidado de otras personas (EU-OSHA, 2014; EU-OSHA, 2023a; OIT, 2013). Además, a menudo, quedan excluidas de las redes, tanto formales como informales, que son imprescindibles para la promoción profesional dentro de las empresas (EU-OSHA, 2016). Todos estos factores hacen que el desarrollo de carrera de hombre y mujeres sea distinto, aunque el punto de partida sea el mismo o similar.

2.2. Segregación de género y riesgos psicosociales

Las diferencias en la salud, el bienestar y los riesgos laborales a los que están expuestos mujeres y hombres vienen determinadas en gran medida por esta marcada segregación de género en el mercado laboral, tanto horizontal como vertical. Además de las diferencias de género en los riesgos laborales clásicos, la segregación laboral determina una exposición diferente de mujeres y hombres a los riesgos psicosociales. Los sectores feminizados suponen una mayor exposición a riesgos psicosociales por diferentes motivos (EU-OSHA, 2016) que exponemos a continuación.

En primer lugar, las mujeres ocupan, con mayor frecuencia que los hombres, puestos donde los métodos y el diseño del trabajo convierten la realización del trabajo en tareas rápidas, repetitivas, monótonas, y que se tienen que llevar a cabo siguiendo una pauta muy concreta. Además, las oportunidades para aprender y desarrollar sus habilidades son más bajas. Esto hace que los procesos de trabajo establecidos no dejen ningún margen de decisión, y las expone a una menor autonomía y control, a bajas posibilidades de desarrollo y a un bajo sentido o significado del trabajo. Todos estos factores están relacionados con mayores niveles de estrés, agotamiento, depresión y baja satisfacción (García-Mainar *et al.*, 2018; EU-OSHA, 2014).

En segundo lugar, en estos puestos de trabajo, característicos de los sectores feminizados, los salarios son más bajos ya que las competencias necesarias son menos valoradas, la promoción profesional es muy limitada y la temporalidad es frecuente, por lo que las exposiciones a inseguridad y baja estima son más frecuentes (Alksnis *et al.*, 2008).

En tercer lugar, los sectores feminizados conllevan una mayor exposición a terceros (OIT, 2013) y, por tanto, un mayor trabajo emocional, es decir, más trabajo relacionado con el control y esfuerzo necesarios para expresar las emociones deseables por parte de la organización cuando se interactúa con otras personas (Morris y Feldman, 1996). Esta exposición a terceros también conlleva un riesgo superior a ser objeto de diferentes formas de violencia, como el acoso laboral, el acoso sexual y la discriminación (EU-OSHA, 2014).

Por último, hay que tener en cuenta que el diseño de los puestos de trabajo (en especial, la organización de horarios) sigue en su mayoría un modelo masculino de trabajador (Wright, 2014), donde predomina la disponibilidad constante por parte de las trabajadoras y trabajadores, sin tener en consideración las necesidades asociadas al ámbito familiar. La evidencia muestra que las mujeres continúan responsabilizándose y afrontando mayoritariamente el trabajo doméstico y familiar. Esto conlleva una doble carga de trabajo en comparación con los hombres. El impacto de esta doble jornada se acentúa cuando la organización del trabajo se configura en torno a horarios rígidos y jornadas partidas con más de una hora entre los turnos de mañana y tarde, y con exigencias en cambios en los turnos y días de las semana o prolongación de la jornada (Wright, 2014). En la medida en que las mujeres están infrarrepresentadas en los órganos de decisión, tienen menos posibilidades de participar en el diseño y organización del trabajo y, por tanto, menos probabilidad de que se tengan en cuenta sus necesidades y preferencias.

En relación con el impacto en la salud de las mujeres de ambos tipos de segregación, la exposición a estos factores de riesgos psicosociales se asocia a sufrir en mayor proporción que los hombres enfermedades como trastornos cardiovasculares, mentales (ansiedad y depresión), respiratorios, gastrointestinales, dermatológicos, musculoesqueléticos, inmunitarios o endocrinos (Tophoven *et al.*, 2015). La falta de reconocimiento de muchos de estos trastornos como enfermedad profesional dificulta, a su vez, su visibilización en los registros oficiales.

Respecto a las bajas por enfermedad, los estudios indican que las mujeres tienen tasas de absentismo por enfermedad más altas que los hombres. Parece haber una asociación entre segregación ocupacional de género y el nivel de absentismo por enfermedad. Por ejemplo, algunos estudios indican que la mayor incidencia acumulada y duración de la baja por enfermedad debido a problemas musculoesqueléticos diagnosticados, se da entre mujeres (Melsom y Mastekaasa, 2018). Sin embargo, la menor tasa de incidencia y duración de la baja por enfermedad, para mujeres y hombres, se vio en la categoría de ocupaciones donde hay una integración de género. Por tanto, los resultados indican una fuerte asociación entre la segregación ocupacional de género y la ausencia por enfermedad (Leijon *et al.*, 2004).

2.3. Segregación de género y riesgos ergonómicos e higiénicos

Además de los riesgos psicosociales, la presencia mayoritaria de las mujeres en las actividades de servicios, debido a la segregación horizontal de género, las expone a riesgos ergonómicos e higiénicos. Los riesgos más frecuentes asociados con estas actividades son los relacionados con posturas de trabajo inadecuadas, largas jornadas de pie, trabajos repetitivos y exposición a agentes químicos y biológicos. Asimismo, el nivel de exposición parece tener una fuerte asociación con la segregación vertical. Los trabajadores y las trabajadoras, en trabajos dominados por mujeres con bajo estatus o autoridad, tienen niveles considerablemente más altos de exposición, en comparación con aquellos correspondientes con alto estatus o autoridad (Leijon *et al.*, 2005).

En la actualidad, la pandemia del COVID-19 ha agravado el impacto de la segregación en las mujeres, producido por la sobrecarga en el trabajo sanitario y en los servicios esenciales, fruto de la segregación horizontal. La crisis generada por el COVID-19 ha sido y es, ante todo, una crisis sanitaria que ha exigido, en primer lugar, la atención y cuidado de las personas infectadas. En España, las mujeres representan el 66 % del personal sanitario, llegando al 84 % en el caso de las enfermeras, y son mayoría en las residencias de mayores y en los servicios de limpieza hospitalaria y de residencias, lo que las ha situado en la primera línea de respuesta a la enfermedad. Las mujeres tienen, además, una mayor presencia en sectores como la educación, el comercio, o la alimentación, por lo que se han visto más expuestas al contagio.

Asimismo, y como consecuencia de la segregación vertical, al estar infrarrepresentadas en los órganos de decisión de las organizaciones, las mujeres no han podido participar en el diseño de los planes de contingencia para dar respuesta a la crisis, de forma que no se han podido tener en cuenta sus necesidades (Llorente-Heras, 2020).

2.4. Interseccionalidad en la segregación de género

La pertenencia a uno o más grupos vulnerables o en riesgo de exclusión, en términos de etnia, edad, orientación sexual, identidad de género o discapacidad, podría ser un factor acelerador y potenciador del impacto negativo de la segregación de género en las mujeres (Comisión Europea, 2014; OIT, 2016; OMS, 2011; EU-OSHA, 2016). La interseccionalidad de características de vulnerabilidad en las mujeres lleva aparejado menores niveles de ingresos y trabajos con condiciones más precarias y menos saludables que los hombres que pertenecen a grupos vulnerables (EU-OSHA, 2016; Woodhams *et al.*, 2015).

Respecto a las mujeres, la investigación indica que los efectos de la etnia y el género en la segregación son, en general, independientes entre sí. Las mujeres pertenecientes a minorías sufren segregación tanto por su origen étnico como por su género, pero las consecuencias de pertenecer a ambos estados casi no se superponen. Por lo tanto, se puede concluir que existe un riesgo doble, pero no múltiple, de ser una mujer perteneciente a una minoría étnica. Así mismo, los hallazgos confirman la mayor importancia del género sobre la etnicidad como fuente de segregación (Guinea-Martin *et al.*, 2015).

Teniendo en cuenta la edad se dan cuatro hallazgos principales analizando las diferencias entre mujeres y hombres en su ocupación, tiempo que han estado con un trabajo remunerado y su participación en diferentes formas de actividad económica e inactividad. Primero, el mercado laboral es el principal contribuyente a la segregación de género. En segundo lugar, a lo largo de la vida, la evolución de la segregación de género es paralela al patrón (en forma de U invertida) de la tasa de empleo. En tercer lugar, una compensación entre las fuentes de segregación ocupacionales y no ocupacionales define tres etapas distintas en el curso de la vida: los primeros años de procreación, los años en que los niños están en edad escolar y los años de jubilación. Cuarto, en gran medida, la heterogeneidad en los puestos que ocupan las mujeres a lo largo de la vida impulsa los patrones de segregación por edades (Guinea-Martin *et al.*, 2018).

2.5. Factores determinantes de la segregación de género

2.5.1. *Perpetuación de los roles de género tradicionales*

Respecto a la jornada parcial, los datos muestran que es relativamente fácil para las mujeres hacer la transición entre el empleo de tiempo completo y el de tiempo parcial y permanecer empleadas en el mismo sector (dominado por mujeres). Los sectores en los que los hombres están empleados son menos propensos a trabajar a tiempo parcial, lo que hace que los hombres no puedan trabajar a tiempo parcial mientras permanecen en el mismo sector de empleo. Este puede ser un factor que impide que los hombres asuman más deberes de cuidado (Instituto Europeo para la Igualdad de Género [IEIG], 2017).

En el extremo opuesto, cuando se da un exceso de horas de trabajo por encima de las 40 horas laborales, los datos muestran que las madres son más propensas a dejar las ocupaciones dominadas por los hombres cuando trabajan 50 horas o más por semana, pero no se encuentra el mismo efecto para hombres o mujeres sin hijos. Los resultados también muestran que el exceso de trabajo hace más probable que las madres abandonen el trabajo por completo, y este patrón es específico en las ocupaciones dominadas por hombres. Estos hallazgos demuestran que la norma de exceso de trabajo en empresas donde se dan las ocupaciones dominadas por hombres y las creencias de género que operan en la familia se combinan para reforzar segregación de género del mercado laboral (Cha, 2013).

2.5.2. Discriminación

Las mujeres están sobrerrepresentadas en los trabajos a tiempo parcial, pero mientras que en el norte de Europa dicha asignación refleja aproximadamente las preferencias de las mujeres y su necesidad de combinar el trabajo con el cuidado de los niños y las niñas, en el sur de Europa los trabajos a tiempo parcial son a menudo involuntarios y proporcionan una cantidad significativamente menor de satisfacción laboral que los de tiempo completo. Las mujeres también están sobrerrepresentadas en los contratos de duración determinada en el sur de Europa y, una vez más, esta asignación de puestos de trabajo no puede explicarse por las preferencias o las diferencias de productividad entre los dos géneros. Por tanto, esta asignación de puestos de trabajo por género puede ser coherente con algún grado de discriminación en algunos mercados laborales especialmente en el sur de Europa (Petrongolo, 2004). Respecto a la brecha salarial de género, los estudios muestran diferencias salariales entre trabajos definidos como "masculinos" y "femeninos", lo que sugiere que la discriminación de género surge de los estereotipos ocupacionales y la devaluación del trabajo que suelen realizar las mujeres, influyendo entre otras cosas en la asignación salarial (Alksnis *et al.*, 2008).

2.5.3. Elección de las propias mujeres

La diferencia salarial de género no es un fenómeno nuevo, pero en parte podría deberse a preferencias en la elección de las mujeres. Por una parte, se ha socializado a las mujeres para que esperen y acepten niveles salariales más bajos, y la legislación sobre igualdad salarial solo prevé la igualdad dentro de ocupaciones siempre que sean comparables. Sin embargo, por otra parte, también puede haber un elemento de elección de género. Al menos en los niveles ocupacionales más altos, donde los hombres tienden a dar prioridad a las recompensas pecuniarias, mientras que las mujeres pueden preferir profesiones socialmente valiosas. Así, vemos que las mujeres tienen niveles comparables de ocupaciones en términos de atractivo general, pero ocupaciones inferiores en términos de recompensas pecuniarias. Sin embargo, no está claro hasta qué punto esto refleja una elección genuina o simplemente oportunidades limitadas (Blackburn *et al.*, 2002).

Respecto al acceso a los puestos más altos de supervisión, las mujeres parecen estar en desventaja cuando trabajan en ocupaciones dominadas por mujeres en casi todos los países. Como posibles razones, las ocupaciones dominadas por mujeres pueden indicar entornos más "favorables a las mujeres" (p. ej., con una mayor proporción de modalidades de trabajo a tiempo parcial o flexibles) donde trabajan mujeres menos orientadas a la carrera profesional y preocupadas en ocupar puestos superiores. Otra razón podría estar en los mayores esfuerzos de los hombres en ocupaciones dominadas por mujeres para acceder a los mejores puestos debido a su miedo a la desaprobación cultural y sus esfuerzos por recibir mejores recompensas ocupacionales (Dämmrich y Blossfeld, 2017).

2.5.4. *Acceso a recursos, poder y estatus*

Respecto a la promoción dentro de las organizaciones y el acceso a puestos que proporcionen mayores recursos y con más estatus, la explicación de la segregación vertical de género o el acceso a puestos superiores es algo menos obvia debido a la evolución de ambos géneros. En términos de estratificación la investigación muestra que no hay una ventaja masculina general. Tanto en el empleo manual como en el no manual, los hombres han podido mantener los mejores trabajos, al menos en comparación con las mujeres que trabajan a tiempo parcial. Sin embargo, aferrarse a las viejas ventajas ha significado que los hombres hayan tenido menos éxito en su incorporación a las áreas no manuales en expansión. Sin embargo, existe una tendencia bien conocida de los hombres jóvenes a incorporarse a ocupaciones que son más nuevas y deseables, al menos en términos de perspectivas de carrera, que las ocupaciones de sus mayores. Se puede observar un patrón similar para las mujeres jóvenes (ahora tan bien o mejor educadas como sus compañeros masculinos), aunque queda por ver si esto conducirá a logros profesionales similares para ambos géneros (Blackburn *et al.*, 2002).

Por otra parte, participar en relaciones románticas en el trabajo con los superiores (RRTS), en general se ha demostrado que afecta negativamente a todos los participantes involucrados respecto a sus posibilidades de promoción en la organización. La investigación reciente muestra que los/as evaluadores/as externos/as tenían menos probabilidades de promover y seleccionar a personas involucradas en RRTS de menor estatus para oportunidades de promoción en el puesto, que sus homólogos que no habían participado en RRTS. Los hombres y las mujeres involucrados en una RRTS se vieron perjudicados, sin embargo, las consecuencias profesionales negativas de una RRTS fueron más fuertes para los hombres involucrados románticamente con sus superiores femeninas, que para las mujeres con sus superiores masculinos. Así mismo, esta investigación destaca la necesidad de que los miembros de la organización sean conscientes de los sesgos asociados con las RRTS y las expectativas de estatus basadas en el rol de género (Chan-Serafin *et al.*, 2017).

El acoso y abuso sexual relacionado con el uso por parte del acosador de su elevado estatus y posición de poder sobre la víctima con menor estatus-poder, condicionando su acceso a recursos, poder o estatus y su permanencia en la organización, también se ve reflejado en el actual panorama mediático a nivel global. El hecho de que salgan a la luz casos de acoso y abuso sexual es un claro indicador de que la sociedad a nivel global está evolucionando hacia una situación de no tolerancia con el acoso y abuso sexual. Las mujeres se sienten apoyadas por la sociedad para denunciar estos casos y con ello detener la perpetuación de un sistema social y laboral que permitía y consentía esos actos de acoso y abuso por parte de depredadores sexuales con poder.

2.6. Políticas para prevenir o contrarrestar la segregación de género

El Instituto Europeo para la Igualdad de Género (IEIG), órgano perteneciente al Consejo de la Unión Europea, publicó en 2017 un informe sobre "Segregación de género en la educación, la formación y el mercado laboral" donde se analizaba este fenómeno y aportaba una serie de recomendaciones para prevenir la segregación de género en la UE. Las recomendaciones aportadas son las siguientes:

Los estereotipos de género deben abordarse en todos los niveles de educación y formación desde una edad temprana. Los estereotipos de género conducen a la segregación de género y, a su vez, la segregación refuerza los estereotipos de género. Los estereotipos de género y el sexismo son ampliamente reconocidos como los mayores obstáculos para lograr la igualdad de género (Instituto Europeo para la Igualdad de Género [IEIG], 2017).

Combatir la segregación de género es esencial para cerrar la brecha salarial de género y la brecha de pensiones de género. La segregación horizontal y vertical del mercado laboral es una de las principales causas que subyacen a la brecha salarial de género y la brecha de pensiones de género (IEIG, 2017).

Las disposiciones, leyes y normas sobre conciliación de la vida laboral y familiar deben estar disponibles para mujeres y hombres en todos los sectores y ocupaciones. La responsabilidad desproporcionada de la mujer en el cuidado de los miembros de la familia dependientes y las tareas del hogar es un factor importante de la segregación de género en el empleo (IEIG, 2017).

Las políticas activas del mercado laboral y el aprendizaje permanente deberían estar más orientadas a satisfacer las nuevas demandas del mercado laboral. Cuando los Estados miembros abordan la escasez de mano de obra y apoyan la creación de nuevos puestos de trabajo en sectores tecnológicos o en educación y sanidad, deben tomarse medidas activas en paralelo para reducir la segregación de modo que tanto las mujeres como los hombres se beneficien de estas oportunidades en todos los sectores (IEIG, 2017).

La educación secundaria debería ofrecer más opciones profesionales para niñas y niños. Los sistemas educativos tienden a reforzar la segregación de género si requieren que las niñas y los niños tomen decisiones sobre los estudios y las perspectivas profesionales a una edad temprana. Las oportunidades para que los alumnos de la escuela secundaria cambien sus materias básicas con mayor libertad, en vista de sus estudios futuros, introducirían una mayor flexibilidad y ofrecerían más opciones de carrera (IEIG, 2017). Enriquecer las carreras tecnológicas STEM con artes y humanidades podría aumentar su atractivo para mujeres y hombres. La evidencia muestra que el aprendizaje de STEM es más efectivo cuando se vincula a los desafíos económicos, ambientales y sociales, las artes y el diseño, y demuestra su relevancia para la vida diaria (IEIG, 2017). La construcción de vínculos más estrechos entre las escuelas y la experiencia de la vida real en las empresas en el lugar de trabajo podría permitir opciones ocupacionales más amplias para niñas y niños. De este modo, las empresas podrían desempeñar un papel más destacado en cambiar las percepciones negativas y engañosas de las carreras STEM o las de Sanidad y Educación al participar más en la educación en todos los niveles y proporcionar un contexto para estudios y modelos positivos a seguir (IEIG, 2017).

La segregación de género se puede reducir con un mejor equilibrio de género en la toma de decisiones (en puestos ejecutivos y directivos). La segregación vertical por género es tan importante como la segregación horizontal y debe abordarse para superar la segregación ocupacional y promover la igualdad de género. En el Pacto Europeo por la Igualdad de Género, el Consejo instó a tomar medidas para cerrar las brechas de género y combatir la segregación de género en el mercado laboral, incluida la promoción de la participación equitativa de mujeres y hombres en la toma de decisiones, a todos los niveles y en todos los campos, para aprovechar al máximo todos los talentos (IEIG, 2017).

2.7. Pautas de diagnóstico e intervención en riesgos laborales desde la perspectiva de la segregación de género

Los planes de prevención de riesgos laborales y las políticas y prácticas de igualdad de género son dos herramientas básicas para garantizar la perspectiva de género en el ámbito de la salud laboral y reducir el impacto de la segregación de género. La coordinación e interrelación entre ambos es necesaria para la buena gestión de la salud laboral de mujeres y hombres.

2.7.1. Planes de prevención de riesgos laborales

Dado que la segregación laboral de género comporta que la exposición a los riesgos laborales sea diferente para mujeres y hombres, una intervención preventiva eficaz en el ámbito de la salud laboral debe incorporar la perspectiva de género.

Las intervenciones preventivas se deben basar en una evaluación de riesgos meticulosa y en la mejora de las condiciones de trabajo. En este sentido, para evaluar la salud laboral y los riesgos a los que se exponen trabajadoras y trabajadores de una manera sensible a los efectos de la segregación, resulta importante conocer el sector y el grupo ocupacional al que pertenecen, el salario que perciben, controlando las horas trabajadas (EU-OSHA, 2014), las potenciales situaciones de violencia que afrontan (acoso laboral, acoso sexual, discriminación), si sus tareas implican trabajo emocional (Morris y Feldman, 1996), y el grado de monotonía, autonomía y control que supone su labor.

Una evaluación de riesgos que tenga en cuenta la perspectiva de género implica seguir una serie de recomendaciones.

En primer lugar, la evaluación debe cubrir el mayor rango posible de diversidad de exposiciones. Además, debe tener en cuenta las exposiciones mayoritarias en las mujeres, así como las diferencias biológicas y las desigualdades sociales. En segundo lugar, para obtener la información es necesario aplicar técnicas validadas y fiables, y garantizar la plena participación desarrollando los procesos de recogida de información en horario laboral. La elaboración y presentación de los resultados de la evaluación debe incluir la variable sexo y el puesto de trabajo de forma transversal, de forma que se pueda visualizar de forma clara las desigualdades de exposición. En tercer lugar, durante todo el proceso de intervención preventiva, es decir, durante la interpretación de los datos, en la propuesta y en la concreción de medidas preventivas, es necesario desarrollar procedimientos concretos de participación que garanticen el equilibrio en la participación de mujeres y hombres, con independencia de su grado de cualificación y del tipo de vinculación laboral con la organización. Más allá de las obligaciones legales, una participación igualitaria permitirá que las medidas preventivas diseñadas sean más eficaces. Finalmente, las medidas preventivas no deben estar exclusivamente centradas en los accidentes de trabajo, sino que tienen que ir dirigidas a reducir la exposición a los diferentes tipos de factores de riesgo, tanto psicosociales como ergonómicos e higiénicos. Para reducir los factores de riesgo ergonómico a los que están expuestos las mujeres, sería necesario un diseño adecuado de los puestos de trabajo, adaptando el puesto a cada persona y realizando una correcta organización de las tareas.

Para reducir la exposición a los factores de riesgo psicosocial se debe mejorar las características del puesto de trabajo, así como una adecuada organización del tiempo de trabajo, que permita la compatibilidad de la vida laboral y personal y facilite la corresponsabilidad.

Específicamente sería necesario adoptar una serie de fórmulas útiles. En primer lugar, para aumentar los niveles de influencia en el trabajo y las posibilidades de desarrollo, es necesario adoptar medidas preventivas que superen aspectos como la división clásica del trabajo entre tareas de ejecución y de mando, el trabajo basado en movimientos repetitivos de corta duración y tareas sin sentido, etc.

En segundo lugar, son fórmulas útiles para enriquecer el contenido del trabajo, esto es, incrementar la variedad y la complejidad del trabajo y el margen de autonomía en su realización, la recomposición de procesos, la rotación entre tareas de diferente nivel funcional o el desarrollo de formas de participación directa grupal de trabajadores y trabajadoras con una representación equilibrada entre hombres y mujeres (González, 2011). Finalmente, es necesario flexibilizar la jornada y los horarios de trabajo con el propósito de, por una parte, reducir la exposición a factores de riesgos psicosociales relacionados con la doble presencia, la falta de control y la inseguridad en relación con la jornada y el horario, y por otra, conseguir una ordenación de la jornada compatible con el trabajo doméstico y el cuidado que promueva la conciliación y la corresponsabilidad.

Específicamente, son medidas preventivas útiles la flexibilidad de entrada y salida, las bolsas de horas, la jornada continua y/o semana comprimida, la posibilidad de trabajar parte de la jornada en casa o la participación de las personas trabajadoras en la ordenación cotidiana de la jornada. Esta flexibilización permitiría, además, evitar la pérdida de salario que implican los permisos no retribuidos o la jornada reducida por maternidad. Asimismo, se deben evitar los horarios asociales, las exigencias de prolongación de la jornada y los cambios no planificados relacionados con los días laborables y los horarios (Trancon, 2020; Vallejo, 2008).

Buenas prácticas
• Introducir indicadores de segregación en la evaluación de los riesgos laborales: sector y grupo ocupacional al que pertenecen los/as trabajadores/as, salario que perciben, horas trabajadas, potenciales situaciones de violencia que podrían afrontar, grado de monotonía, autonomía, control y trabajo emocional que supone la labor. • Evaluar los riesgos laborales teniendo en cuenta las exposiciones mayoritarias en las mujeres, así como las diferencias biológicas. • Aplicar técnicas validadas y fiables para la evaluación de riesgos. • Garantizar la plena participación en la evaluación de riesgos desarrollando los procesos de recogida de información en horario laboral. • Elaborar y presentar los resultados de la evaluación de riesgos incluyendo la variable sexo y el puesto de trabajo. • Favorecer una participación igualitaria de mujeres y hombres en la interpretación de los datos derivados de la evaluación, y en la propuesta y concreción de medidas preventivas. • Llevar a cabo un adecuado diseño de los puestos de trabajo, adaptando el puesto a cada persona y realizando una correcta organización de las tareas. • Mejorar las características de los puestos de trabajo, utilizando mecanismos como el aumento de los niveles de influencia en el trabajo y las posibilidades de desarrollo o incrementar la variedad y la complejidad del trabajo, y el margen de autonomía en su realización. • Flexibilizar la jornada y los horarios, y desarrollar una adecuada organización del tiempo de trabajo que permita la compatibilidad de la vida laboral y personal, y facilite la corresponsabilidad. Utilizar para ello mecanismos como la flexibilidad de entrada y salida, las bolsas de horas, la jornada continua y/o semana comprimida, la posibilidad de trabajar parte de la jornada en casa o la participación de las personas trabajadoras en la ordenación cotidiana de la jornada. • Desarrollar formas de participación directa grupal de trabajadores y trabajadoras, con una representación equilibrada entre hombres y mujeres.

2.7.2. Políticas y prácticas de igualdad de género

Paralelamente, y con el fin de reducir la segregación de género en el trabajo, es necesario adoptar y hacer visibles a todos los empleados y empleadas las políticas de igualdad de género y el compromiso organizacional, así como facilitar la participación de la mujer en el desarrollo de estas políticas.

Las políticas deben verse reflejadas en las prácticas organizacionales, para hacer patente el compromiso de la organización con la igualdad de género y la lucha contra la segregación. Así, es necesario desarrollar medidas que garanticen la igualdad efectiva entre hombres y mujeres en la selección, en la clasificación profesional y la valoración de los puestos de trabajo, en el salario, en la formación y capacitación y en la promoción. Específicamente, es necesario seguir una serie de recomendaciones relacionadas con la implementación de las políticas de igualdad a través de diferentes prácticas organizacionales. Se señalan a continuación las más destacadas.

a) *Reclutamiento y selección*. Las organizaciones deben implementar procedimientos de reclutamiento y selección libres de sesgos (García-Izquierdo y García-Izquierdo, 2007; Tienari *et al.*, 2013). En este sentido, los estereotipos de género producen sesgos de género que impiden alcanzar la igualdad en el trabajo. Estos sesgos de género influyen en la redefinición de los méritos de las mujeres de cara a la selección y contratación, favoreciendo las cualificaciones de los hombres sobre las de las mujeres, y asignando mayor rendimiento, competencia, capacidad de influencia y liderazgo a los hombres (Chang y Milkman, 2020). Para alcanzar el objetivo de reclutamiento y selección libres de sesgos, es necesario reflexionar sobre las actuaciones en este ámbito y poner en marcha estrategias inclusivas. Entre las buenas prácticas estarían la creación de paneles evaluadores donde haya una presencia igualitaria de hombres y mujeres, la detección de sesgos en los algoritmos aplicados a la búsqueda de personal, la evaluación a ciegas de candidatos y candidatas, la evitación de preguntas prohibidas en las entrevistas como las relacionadas con el embarazo o los hijos, la creación de ofertas de trabajo atractivas tanto para hombres como para mujeres, o el uso de un lenguaje inclusivo. En concreto, la evaluación a ciegas de las personas candidatas evitaría sesgos negativos en las oportunidades de empleo, ya que estas dependen en gran medida de la percepción por parte del empleador de congruencia (o falta de ella) con los rasgos femeninos o masculinos del trabajo al que postulan (Di Stasio y Larsen, 2020).

Buenas prácticas

- Garantizar la objetividad y la selección libre de sesgos de género en los procesos de reclutamiento y selección, utilizando herramientas como la evaluación ciega de candidatos y candidatas.
- Formar paneles de evaluadores de candidatos y candidatas con presencia igualitaria de hombres y mujeres.
- Diseñar ofertas de trabajo atractivas tanto para hombre como para mujeres.
- Utilizar un lenguaje inclusivo a la hora de ofertar puestos de trabajo.
- Establecer medidas que permitan captar a mujeres para puestos de mayor responsabilidad.

---

b) *Sistema de remuneración y estructura salarial.* La brecha salarial de género es una realidad medible y cuantificable que afecta de forma directa a las mujeres (Instituto Andaluz de la Mujer [IAM], 2021). Según la Encuesta de Estructura Salarial de 2020, en Andalucía la brecha salarial de género supone que el salario que las mujeres andaluzas ocupadas perciben es un 24 % menor que el de los andaluces ocupados (Instituto de Estadística y Cartografía de Andalucía, 2021). En este sentido, el último informe de Eurofound de 2021 relativo a las condiciones de trabajo indica que la brecha salarial de género podría estar aumentando en lugar de cerrarse como resultado del uso más generalizado de formas variables de pago. Destacan en esta dirección de la remuneración variable, por ejemplo, acciones de la empresa y pagos basados en el desempeño de la empresa o del individuo, que las mujeres reciben con menos frecuencia que los hombres

(Eurofound, 2021). Así mismo, la Ley de Igualdad Salarial establece mecanismos para corregir las desigualdades salariales existentes en las empresas entre hombres y mujeres. Estas medidas de obligado cumplimiento para las empresas se incluyen en el Real Decreto 902/2020 de 13 de octubre (BOE, 2020). Detectar y eliminar diferencias salariales basadas en el género es una práctica organizacional obligatoria para las empresas y organizaciones y necesaria para luchar contra la segregación. Para ello, las organizaciones deben, en primer lugar, realizar un análisis comparativo de las retribuciones de mujeres y hombres, identificando las causas de las diferencias salariales. En segundo lugar, analizar las diferencias de las remuneraciones entre hombres y mujeres por estamentos (directivo, técnico y profesionales…) para definir un plan de regulaciones que se dirijan a la igualdad de género. En tercer lugar, plantear medidas de corrección con el fin de ajustar los salarios de forma que los trabajos del mismo valor estén compensados para trabajadores y trabajadoras.

Buenas prácticas

- Establecer indicadores que permitan evaluar la presencia de diferencias entre grupos de trabajadores y trabajadoras en relación con el salario, así como identificar las causas de tales diferencias.
- Examinar diferencias por estamentos en las remuneraciones entre hombres y mujeres (directivo, técnico y profesionales…).
- Identificar y examinar diferencias en las atribuciones de bonus y premios de productividad.
- Establecer un plan de regulación que ajusten los salarios de trabajadores y trabajadoras, para trabajos del mismo valor.

---

c) *Aprendizaje y capacitación.* Una vía para reducir la segregación de género vertical y horizontal pasa por la formación y adquisición de habilidades que aumenten la capacitación de las trabajadoras y mejoren su competitividad y sus opciones de carrera. El género afecta a las condiciones para el aprendizaje en el lugar de trabajo. El género contribuye a un entorno de aprendizaje propicio en el contexto laboral dominado por hombres (p. ej., técnicos de mantenimiento) y a un entorno de aprendizaje restrictivo que limita el aprendizaje y la capacitación en el contexto laboral dominado por mujeres (p. ej., atención domiciliaria). Estas diferencias se crean tanto en las estructuras organizativas como en las culturas de las organizaciones (Forssberg *et al.*, 2020). En consecuencia, una cultura organizacional que preste atención a la cuestión de género es importante en lo que respecta al acceso igualitario a los programas de formación y capacitación. Para lograr este objetivo, además es clave programar las actividades de capacitación en horarios que permitan a trabajadores y trabajadoras atender a sus familias, conciliando la vida laboral y familiar (Blackburn y Jarman, 2006).

Buenas prácticas

- Identificar las necesidades formativas de forma participativa para que se tengan en cuenta las exigencias de todos los grupos de trabajadores y trabajadoras.
- Favorecer la igualdad de oportunidades en la formación y capacitación de trabajadores y trabajadoras diseñando los programas formativos de forma que se facilite el acceso igualitario a los mismos (p. ej., desarrollados en horarios que faciliten la conciliación).
- Elaborar programas formativos específicos para promover el desarrollo profesional de las mujeres.

---

d) *Desarrollo de carrera.* Los estereotipos de género son una de las principales razones de la escasez de mujeres directivas (Ramos *et al.*, 2022). Los estereotipos de género implican la existencia de prejuicios y actitudes menos favorables hacia las mujeres, que aumentan la dificultad de las mujeres para desempeñar roles de liderazgo y para ser consideradas líderes efectivas (Cook y Glass, 2014; Dielh y Dzubinski, 2016; Burke y Attridge, 2011). Aunque en realidad las mujeres no renuncian a sus carreras, y dan a su desarrollo profesional la misma importancia que los hombres (Barberá, 2005), los estereotipos de género tradicionales contribuyen a poner en duda la capacidad de las mujeres para desarrollar una carrera profesional, especialmente en el nivel de alta dirección, debido al tiempo que dedican al cumplimiento del rol familiar. Por todo ello es necesario implementar procesos de desarrollo de carrera justos y libres de sesgos, identificando aquellos factores tanto personales (p. ej., necesidades de conciliación) como organizacionales (p. ej., sesgos en la toma de decisiones) que podrían estar comprometiendo la igualdad de oportunidad de las mujeres, especialmente en el acceso a los puestos directivos más altos.

Buenas prácticas

- Desarrollar indicadores de género que permitan identificar la presencia de factores disfuncionales para el desarrollo de carrera de las mujeres.
- Implementar procesos de desarrollo de carrera justos y libres de sesgos.
- Identificar mentores y mentoras para que sean de apoyo durante el proceso de desarrollo de carrera de las trabajadoras.

---

e) *Acceso a puestos de responsabilidad y representación de las mujeres directivas en las áreas estratégicas de la organización.* Para luchar contra la segregación vertical, es necesario garantizar la presencia de mujeres en la toma de decisiones. La presencia de mujeres en la primera línea de respuesta y en la toma de decisiones de las organizaciones resulta primordial para diseñar estrategias más completas y eficaces que incorporen distintos puntos de vista, necesidades y prioridades (Ramos *et al.*, 2022). Las mujeres están subrepresentadas tanto en los puestos de dirección media como en los de alta dirección. El acceso a la gerencia media y superior varía según las características del lugar de trabajo y el género de las personas empleadas. En este sentido, una mayor supervisión de los lugares de trabajo respecto a la igualdad de oportunidades se asocia a una mayor participación de las mujeres en la dirección de las organizaciones (Bloch *et al.*, 2021). Por ello, se hace necesario incrementar la presencia de mujeres en los órganos de toma de decisiones y en posiciones de liderazgo. Asimismo, la dirección debe procurar aumentar el número de mujeres directivas en áreas estratégicas de la organización (más allá de áreas como recursos humanos, *marketing* y ventas o finanzas y administración). Una fórmula útil es incluir en los programas de mentoría y *coaching* tanto a hombres como a mujeres que, potencialmente, podrían ocupar posiciones directivas en el futuro.

Buenas prácticas

- Garantizar la presencia de mujeres en mandos intermedios y posiciones superiores. Desarrollar indicadores que faciliten la evaluación.
- Garantizar la participación de mujeres en los órganos decisionales de la organización. Desarrollar indicadores que faciliten la evaluación.
- Garantizar la presencia de mujeres directivas en áreas estratégicas de la organización.
- Establecer programas de mentoría o de *coaching* dentro de la organización, garantizando la igualdad de oportunidades en el acceso a estos programas.

---

f) *Sistemas de evaluación del desempeño.* En las organizaciones, las aportaciones y contribuciones de las mujeres no se valoran tanto como las de los hombres, y se enfrentan a estándares de desempeño desiguales, siendo usualmente más estrictos los de las mujeres (Soleymanpour *et al.*, 2015). Las mujeres tienen que demostrar constantemente sus competencias y habilidades, a pesar de que son menos valoradas que los hombres (Dielh y Dzubinski, 2016; Jonnergard *et al.*, 2010). Esto tiene consecuencias negativas especialmente en el caso de las mujeres que ejercen el liderazgo en las organizaciones. En este sentido, las mujeres que valoran positivamente sus conductas de liderazgo reciben calificaciones de desempeño más bajas por parte de su supervisión, que las mujeres que subestiman sus conductas de liderazgo. Los hombres, sin embargo, experimentan menos consecuencias negativas (que las mujeres) cuando sobrevaloran sus conductas de liderazgo. Esto evidencia los sesgos de género persistentes en el lugar de trabajo que pueden dar lugar a discriminación en la evaluación del desempeño (Braddy *et al.*, 2020). Para evitar estos sesgos de género, es necesario desarrollar sistemas de evaluación del desempeño igualitarios para hombres y mujeres. Una posible solución a estos sesgos consistiría en la evaluación del desempeño a ciegas y basada exclusivamente en hechos objetivos por parte de personas o agentes externos, ajenos al departamento o la organización.

Buenas prácticas
• Desarrollar sistemas de evaluación del desempeño objetivos e igualitarios introduciendo mecanismos como la evaluación del desempeño a ciegas, o valoración de hechos objetivos por parte de personas o agentes externos, ajenos al departamento o la organización. • Establecer canales y espacios de retroalimentación para que trabajadores y trabajadoras puedan identificar las áreas o competencias a mejorar.

g) *Equidad en tareas y ocupaciones.* La segregación horizontal del mercado laboral es una de las principales causas que subyacen a la brecha salarial de género (IEIG, 2017). Combatir la segregación de género es esencial para cerrar la brecha salarial de género que está relacionada directamente con las tareas que se realizan y los puestos de trabajo que se ocupan. El último informe de Eurofound de 2021 relativo a las condiciones de trabajo, indica que persiste la segregación de género en los mercados laborales. A pesar de un aumento en la proporción de trabajadores y trabajadoras en ocupaciones mixtas, la mayoría continúa en ocupaciones realizadas por personas del mismo sexo, y estas son dirigidas por supervisores/as o jefes/as del mismo género. Las condiciones de trabajo y la calidad del trabajo que experimentan hombres y mujeres difieren en muchos aspectos, incluso en ocupaciones similares o en la misma ocupación (Eurofound, 2021). Con el fin de reducir la segregación horizontal de género en las organizaciones, es necesario incrementar la presencia de mujeres en ocupaciones tradicionalmente masculinas, y viceversa, para lograr una participación equilibrada en el mercado laboral respecto al género de las personas empleadas.

Buenas prácticas

- Diseñar indicadores y evaluar la presencia de hombres y mujeres en los puestos tradicionalmente masculinos o femeninos.
- Incrementar la presencia de mujeres en ocupaciones tradicionalmente masculinas y viceversa.
- Sensibilizar y formar a la dirección y supervisión para reducir la segregación horizontal y evitar sesgos de género.
- Diseñar y llevar a cabo procedimientos de reclutamiento y selección libres de sesgos que garanticen la equidad en tareas y ocupaciones.
- Realizar procesos de reclutamiento en las mismas universidades para fomentar las candidaturas de mujeres a puestos de trabajo de la organización.

---

h) *Comunicación organizacional.* Desde las organizaciones se debe garantizar el empleo de comunicación inclusiva y no sexista hacia dentro y hacia fuera de la organización, que evite la activación de estereotipos (Urbiola y Vázquez, 2015). Como se ha comentado, los estereotipos y roles de género constituyen uno de los factores más importantes para explicar la segregación en las organizaciones. Para incorporar las consideraciones de género en el lugar de trabajo se utilizan mecanismos basados en las evidencias, como desarrollar estrategias de comunicación interna. Esta comunicación debería prestar atención al contexto organizacional para tratar de legitimar el trabajo de igualdad de género, desmitificar la igualdad de género e integrar la igualdad de género en el lugar de trabajo (Nally *et al.*, 2019).

Buenas prácticas

- Desarrollar políticas para promover una comunicación inclusiva dentro y fuera de la organización.
- Crear un grupo de trabajo interno a la organización conformada por hombres y mujeres que se ocupe de identificar aquellas comunicaciones o artefactos que vehiculan sesgos de género.

---

i) *Medidas de conciliación*. Como se ha señalado anteriormente, a pesar de los cambios sociales, las mujeres continúan asumiendo la mayor parte de las responsabilidades del cuidado de la familia. Por tanto, el mayor compromiso de las mujeres con el cuidado de la familia se considera una de las barreras más importantes para acceder a los puestos de responsabilidad y reducir la segregación vertical en las organizaciones (Catalyst, 2002; Howe-Walsh y Turnbull, 2016). El alto porcentaje de contratos a jornada parcial es una característica que distingue la contratación femenina. Esta situación no sólo se debe a una elección o necesidad del empresario, sino que en muchos casos es una opción de la mujer trabajadora para conciliar la vida laboral y la familiar. Así mismo, la alta proporción de contratos de jornada parcial suele considerarse un indicador de la precariedad laboral femenina cuando este tipo de jornada no es elegida por la trabajadora (IAM, 2021). La necesidad de conciliación de la vida laboral y familiar debe reflejarse en las prácticas organizacionales. Una práctica necesaria para evitar la segregación horizontal y vertical es permitir y fomentar que las medidas de conciliación estén a disposición y sean acogidas tanto por hombres como por mujeres. La responsabilidad desproporcionada de la mujer en el cuidado de los miembros de la familia dependientes y las tareas del hogar, es un factor importante de la segregación de género en el empleo (IEIG, 2017). Así mismo, la dirección debe evitar que dichas medidas conlleven un estigma para quien decida usarlas y comprometan la escalada de las mujeres a los puestos directivos o la ocupación de determinados puestos de trabajo.

Buenas prácticas

- Permitir y fomentar que las medidas de conciliación estén a disposición y sean acogidas tanto por hombres como por mujeres.
- Identificar las características de trabajadores y trabajadoras que suelen hacer uso de ellas.
- Evitar el impacto negativo del uso de estas medidas en el desarrollo de carrera de las personas interesadas. Comparar indicadores de adopción de medidas de conciliación y de progresión en la carrera.
- Generar un clima de conciliación, evitando la sobrecarga de los compañeros y compañeras que tienen que sustituir a las personas que usan dichas medidas.

---

j) *Redes formales e informales*. Dentro de las organizaciones se suelen formar redes de apoyo formales o informales que son importantes para la adquisición de recursos, la toma de decisiones, etc. Las mujeres tienen dificultades para formar parte de estas redes sociales y de los grupos que tienen mayor influencia, información y poder en las organizaciones, dado que están conformados mayoritariamente por hombres (Ramos *et al.*, 2022). El hecho de que pocas mujeres participen en estas redes influyentes contribuye a la escasez de figuras femeninas que pueden servir como modelos a seguir o mentoras para otras mujeres (Castaño *et al.*, 2010; Cook y Glass, 2014). Por lo tanto, es difícil para las mujeres recibir mentoría de personas veteranas con influencia en los entornos organizacionales, reforzando así el techo de cristal (Dashper, 2017; Hurley y Choudhary, 2016; Matsa y Miller, 2011). En general, las personas prefieren mentores/as de su mismo sexo, por lo que la falta de mujeres en la alta dirección impide que las mujeres encuentren mentores/as (Comisión Europea,

2010). Además, las mujeres directivas no encuentran mentores porque los hombres prefieren ser mentores de otros hombres (Barberá *et al.*, 2011). En suma, las redes informales compuestas mayoritariamente por hombres excluyen a las mujeres de estos círculos. De esta forma, la organización debe garantizar el acceso de las mujeres a las redes de contactos formales e informales, sobre todo en aquellos sectores altamente masculinizados. Estas redes suponen un instrumento funcional para la adquisición de recursos y la participación en la toma de decisiones dentro de las organizaciones, elementos importantes para fomentar el desarrollo de carrera de los trabajadores y trabajadoras.

Buenas prácticas
• Garantizar el acceso de las mujeres a las redes de contactos formales e informales, especialmente en aquellos sectores altamente masculinizados, utilizando herramientas como la mentoría.

k) *Cultura organizacional.* Las organizaciones a menudo no son conscientes de que la cultura de la organización contribuye a la segregación de género (Howe-Walsh y Turnbull, 2016). La cultura organizacional, al igual que la cultura social, está marcada por valores patriarcales y androcéntricos, donde priman los valores masculinos, como la competitividad o la agresividad, y donde se excluyen valores femeninos, como la interdependencia o la cooperación, creando relaciones asimétricas entre hombres y mujeres (Davidson y Cooper, 1992; Maddock y Parkin, 1993; Maier, 1999; Marshall, 1992). Así, las mujeres han tenido que adoptar un estilo masculino para encajar en esta cultura masculina (Lindsay y Pasquali, 1993). La cultura organizacional masculina contribuye a mantener los factores que impiden la eliminación de las formas de discriminación laboral en general, y en los puestos directivos en particular. Por todo ello es necesario fomentar el desarrollo de una cultura organizacional que promueva la igualdad, la diversidad y la inclusión en el lugar de trabajo, y promover prácticas de diversidad que generen percepciones compartidas entre los empleados y las empleadas sobre la medida en que la organización es justa e incluye a todo el personal, con independencia de la membrecía a un grupo demográfico.

Buenas prácticas
• Fomentar valores organizacionales predominantes de igualdad, diversidad e inclusión en el lugar de trabajo. • Desarrollar medidas para difundir y arraigar estos valores en la plantilla. • Comunicar el compromiso de la organización con la igualdad y la diversidad en el lugar de trabajo.

l) *Evaluación y seguimiento de las políticas y las prácticas organizacionales.* Para evitar la segregación de género en las organizaciones, es necesario establecer a nivel organizacional una clara política de gestión de la igualdad de género, que permita evidenciar el posicionamiento de la organización con respecto a dicho asunto. Las políticas de igualdad deben ser parte de estrategias amplias y no limitarse a simples acciones tácticas y puntuales. Además, es necesario ser coherentes con estas políticas a lo largo de toda la cadena de valor, desde la gestión con proveedores al trato con clientes o usuarios. Al ser políticas ligadas a estrategias amplias, deben estar respaldadas desde la cúpula de decisión hacia el resto de la empresa o institución. Estas políticas de igualdad estarán alineadas con el Objetivo de Desarrollo Sostenible de la Organización de las Naciones Unidas número cinco (ODS-5) dedicado a lograr la igualdad entre los géneros y empoderar a todas las mujeres y las niñas (Organización de Naciones Unidas, 2015). Una vez implantadas, es necesario evaluar y monitorear la implementación de las políticas de igualdad adoptadas, así como sus resultados en términos de segregación (Östlin, 2005). Para ello una acción importante es identificar y calcular indicadores

FRANCISCO J. SANCLEMENTE Y NURIA GAMERO

claves en términos de segregación, que faciliten la evaluación de la efectividad de las políticas y las prácticas de igualdad de género adoptadas. Así, por ejemplo, realizar un seguimiento del número de hombres y mujeres presentes a distintos niveles jerárquicos o en distintas áreas organizacionales, niveles de abandono del puesto de las mujeres, estado de la brecha salarial, evaluación del desempeño equitativa, sistema de incentivos y promoción igualitarios. En este sentido, para realizar la evaluación del impacto de estas políticas, recomendamos seguir la *Guía para el Retorno Social de la Inversión* (Red Retorno Social de la Inversión, 2012). El Retorno Social de la Inversión (SROI) es un marco para medir y cuantificar este concepto, mucho más amplio, de valor; busca reducir la desigualdad y mejorar el bienestar incorporando costos y beneficios sociales, medioambientales y económicos. El SROI mide el cambio en formas que son relevantes para las personas u organizaciones que lo experimentan o contribuyen con él. Describe el modo en que se genera el cambio, midiendo los resultados sociales, medioambientales y económicos, y usa términos monetarios para representar dichos resultados (Red Retorno Social de la Inversión, 2012).

Buenas prácticas
• Hacer visible a todos/as los/as empleados y empleadas las políticas de igualdad de género y el compromiso de la organización con las mismas.
• Facilitar la participación de la mujer en el desarrollo de las políticas de igualdad de género.
• Desarrollar indicadores que permitan identificar fenómenos relacionados con la segregación.
• Desarrollar mecanismos de evaluación de la efectividad de las políticas de igualdad de género implementadas en la organización. Establecer la frecuencia con la que se va a llevar a cabo las evaluaciones de los planes de igualdad.
• Facilitar la participación de la mujer en la evaluación de los planes de igualdad.

3. EXPERIENCIAS Y BUENAS PRÁCTICAS PROFESIONALES

Rocío López-Cabrera
IESEG, School of Management

Donatella Di Marco
Universidad de Sevilla

Mediante sesiones de Grupos Focales se ha analizado la realidad del entorno laboral de las organizaciones andaluzas, en el ámbito de la segregación de género. El objetivo de dichas sesiones era realizar un diagnóstico del estado de la situación en dicho entorno, detectar las dificultades con las que se encuentran las empresas en la gestión de la prevención de la seguridad, la salud y el bienestar en el trabajo y obtener evidencias del modo en que gestionan dichas dificultades para promover la igualdad de oportunidades para hombres y mujeres. En este sentido se han analizado tres bloques principales en las sesiones de grupos focales: a) planes de prevención de riesgos laborales incluyendo tanto riesgos psicosociales como físicos y ergonómicos; b) políticas y planes de igualdad de género; y c) buenas prácticas para trasladar al día a día las políticas y prácticas relacionadas con la igualdad en la organización.

3.1. Planes de prevención de riesgos ergonómicos y psicosociales (PRL)

De acuerdo con la información aportada por las empresas participantes, la evaluación y actualización periódica de los planes de PRL son obligatorias en sus organizaciones. Estas evaluaciones se realizan mediante cuestionarios e informes elaborados por los servicios de prevención internos o externos a la organización. Tradicionalmente, estas evaluaciones se centran en los puestos de trabajo, y se orientan a medir si el trabajo que realiza la persona que lo ocupa conlleva riesgos en cuanto a las tareas y el modo en que lo desempeña, sin considerar diferencias de género en dichos procesos de evaluación. Según se desprende de las intervenciones de los grupos focales, dada la preocupación que suscita en las organizaciones que las diferencias de género puedan derivar en discriminación, se sugiere, como buena práctica, sensibilizar a organizaciones e instituciones sobre la necesidad de prestar atención a la importancia de integrar la perspectiva de género como un rasgo positivo de la PRL que permita anticipar y por tanto evitar riesgos específicos para hombres y mujeres en cada puesto de trabajo.

Se indica también que se detecta un esfuerzo en las organizaciones, en los últimos años, por intentar promover que haya igualdad, facilitando las mismas condiciones laborales a todo el personal. Como ejemplo de este esfuerzo por incorporar la perspectiva de género ante la segregación laboral, los delegados y las delegadas de prevención apuntan que actualmente se ha incluido la variable género en las evaluaciones y recogidas de datos, de manera que dichos datos se puedan desagregar y hacer análisis adicionales que ayuden a comprender si existen diferencias entre hombres y mujeres en las organizaciones. Se resalta, no obstante, la necesidad de transmitir a las organizaciones e instituciones que, además de dar respuesta *a posteriori* tras las evaluaciones de riesgos, resultaría pertinente integrar *a priori* la perspectiva de género como un rasgo positivo de la PRL que permita anticipar y evitar riesgos específicos para hombres y mujeres en cada puesto de trabajo.

3.1.1. Riesgos físicos/ergonómicos

En la exposición ante riesgos físicos o ergonómicos, las organizaciones transmiten que los planes de prevención están muy ajustados a las necesidades detectadas por puestos de trabajo en las evaluaciones periódicas realizadas. Por ejemplo, con respecto a la ergonomía, se fomenta un ajuste persona-puesto incluso en los casos de teletrabajo, monitorizando la salud de los trabajadores y trabajadoras y también ofreciendo información y asesoramiento sobre cómo adaptar sus puestos de trabajo en casa, para evitar dolor musculoesquelético y otras patologías asociadas.

En algunos sectores, otro factor que se considera clave en la prevención con perspectiva de género son las cargas físicas en el trabajo. La perspectiva de género se considera fundamental en este caso, y de hecho, algunas organizaciones transmiten que los planes de prevención contemplan el peso por puesto, y no las características físicas de quien lo ocupa, que en muchas ocasiones vienen dadas por el género. Esto implica que entre los propios compañeros y compañeras se reorganizan el trabajo para evitar accidentes. No obstante, se indica que estas circunstancias deben incorporarse en los planes de PRL. Además, se observa que, en la gestión de los riesgos físicos y ergonómicos, la tecnología tiene un papel fundamental, facilitando estos ajustes con perspectiva de género, disminuyendo las diferencias físicas entre hombres y mujeres y los riesgos, en muchos casos para toda la plantilla.

Como parte de los planes de prevención con perspectiva de género, los participantes refieren que está muy regularizada, por ejemplo, la gestión de los riesgos durante el embarazo y la lactancia. En este sentido, tanto los planes de PRL como de igualdad, contemplan un protocolo de actuación desde la comunicación del embarazo por parte de la trabajadora, ajustando su puesto cuando es posible, eliminando riesgos y facilitando un traslado temporal a otro puesto, cuando las circunstancias del puesto actual o del ámbito de trabajo no permiten la adaptación (p. ej., manejo de productos químicos o biológicos, o manejo de cargas), o con permisos retribuidos ante riegos en el embarazo, en circunstancias más delicadas.

En algunos sectores, a pesar de la perspectiva de género en las políticas de PRL, las organizaciones se enfrentan a dificultades externas que les impide alcanzar dicha igualdad, en lo referente a los riesgos físicos. Por ejemplo, en las empresas que así lo requieren, se encuentran dificultades para adaptar la ropa de trabajo especializada, como monos, equipos de protección individual, botas aislantes y otros materiales de tallaje específico para mujeres. Habitualmente, las empresas de este tipo de materiales trabajan con un tallaje de hombres, que tienen por lo general una constitución diferente en altura y estructura ósea. Por tanto, las mujeres que desempeñan esos puestos tienen que adaptar las tallas más pequeñas de hombre, asumiendo los posibles riesgos que puede suponer la falta de ajuste. Algunas participantes explican que hacen el esfuerzo de buscar material especializado adaptado, aunque esto suponga un incremento del gasto o de tiempos de espera mayores, ante la falta de disponibilidad.

Los equipos de protección individual (EPIs) siempre tienen que estar adaptados a la persona, por lo que se les toman medidas […] Sin embargo, a veces es muy difícil, a nivel de fabricación de EPIs se suelen hacer tallas para hombres, por lo que nos encontramos con dificultades con las compañeras para dar con tallas adecuadas para ellas […] teniendo al final que quedarse con la talla más pequeña de hombre, que no es su talla, e intentar adaptarla. Hay algunos fabricantes de EPIs que posibilitan diferenciar el tallaje hombre-mujer, pero son los menos.

Rocío López-Cabrera y Donatella Di Marco

3.1.2. Riesgos psicosociales

En cuanto a los riesgos psicosociales, existen diferencias entre las organizaciones en la manera de prevenirlos y gestionarlos. Algunas organizaciones claramente apuestan por una prevención de riesgos laborales integral, que abarque tanto la salud física, psicológica y emocional, poniendo a disposición de sus empleados y empleadas medios tanto de prevención, como de diagnóstico de posibles enfermedades físicas con perspectiva de género (p. ej., formación en diferenciar sintomatología para patologías cardiacas entre hombres y mujeres, accidentes cerebrovasculares, prevalencia de ciertos tipos de cáncer según el género). Paralelamente, estas organizaciones proveen también asesoramiento y apoyo psicológico de manera continuada con una intención preventiva, además de intervenciones específicas, si así lo requiere alguien de la plantilla, y formación y apoyo en la gestión emocional.

No obstante, también hay organizaciones que, por su naturaleza y ámbito de trabajo, hacen referencia a una clara diferencia en la gestión de los riesgos físicos y ergonómicos y los riesgos psicosociales. Subrayan la gestión primordial del primero de los ámbitos, para evitar accidentes graves con peligro de muerte, e indican que se subestima la prevención de riesgos psicosociales. En algunos casos, los servicios de prevención han sido conscientes de situaciones en las que los trabajadores y trabajadoras han tenido que buscar apoyo fuera de la organización utilizando sus propios medios, o incluso han derivado en la concesión de una incapacidad laboral permanente. Aun así, la organización o institución tiene dificultades para gestionar estas circunstancias. En ese sentido, se apunta que las personas responsables de la gestión de este ámbito psicosocial necesitan recursos y herramientas para transmitir estas necesidades, comenzando por la sensibilización de que la exposición continuada a situaciones de riesgo físico como parte del trabajo constituye en sí mismo un riesgo psicosocial que debe gestionarse desde las organizaciones, atendiendo también a las diferencias de género.

Asimismo, en relación a los riesgos psicosociales destacan los esfuerzos por organizar el tiempo de trabajo, incluyendo tanto en sus planes de prevención como en la propia política de RR. HH. la imposibilidad de superar las horas de trabajo establecidas por normativa. Esto no resulta, sin embargo, incompatible con la flexibilidad, para permitir la conciliación tanto para hombres como para mujeres, con independencia de su situación familiar o personal. En este sentido, durante la pandemia de COVID-19 se han establecido y consolidado medidas de conciliación que favorecen la corresponsabilidad como el teletrabajo (ver apartado de conciliación). El teletrabajo también ha promovido que las organizaciones necesiten incorporar en sus planes de prevención de riesgos psicosociales, medidas de desconexión y recuperación para su personal, contribuyendo a una mejor organización del tiempo de trabajo y de las comunicaciones, evitando interferir en el tiempo de descanso y conciliación. La perspectiva de género en este caso también es fundamental, dado que, según la información aportada, las mujeres siguen siendo las que más solicitan medidas como el teletrabajo, y por tanto, están más expuestas a mayores niveles de estrés, doble rol o dificultades de desconexión. No obstante, el número de empleados que solicitan estas medidas va en aumento, sobre todo tras la pandemia de los últimos años (p. ej., por la reorganización de roles en el ámbito familiar).

Intentamos tomar medidas para reducir los posibles estresantes: por ejemplo, los correos electrónicos fuera de hora no están bien vistos a no ser que sea una urgencia, promoviendo que se programe su envío para que se reciban en horario de trabajo y permitiendo el descanso. También prevenir las horas extras. En definitiva, favorecer la flexibilidad y la conciliación, pero desde la perspectiva preventiva, evitando los efectos, por ejemplo, del tecnoestrés.

3.2. Políticas y planes de Igualdad de género

Todos los expertos y expertas participantes indicaron la existencia de políticas y planes de igualdad desarrollados de acuerdo con la normativa vigente, en sus respectivas organizaciones. Estos planes de igualdad tienen como objetivo alcanzar la igualdad de trato y oportunidades sin distinción de género ni de otro tipo de diversidad en las organizaciones. De acuerdo con la información aportada, los valores recogidos en el plan de igualdad son transmitidos a todos los grupos de interés de la organización, trasladando su compromiso con la igualdad de oportunidades de ingreso, promoción y desarrollo profesional en todos los niveles de la organización, respeto de la diversidad y en general la no discriminación y protección de su plantilla. En esta diversidad, se recoge especialmente la perspectiva de género, sirviendo estas políticas de igualdad, junto a los planes de prevención, como guía y herramienta de gestión de las situaciones que puedan darse en la organización.

Desde los planes de igualdad, promovemos actividades de sensibilización, en temas como el acoso, la violencia de género [...] También se organiza desde el Comité de Igualdad formación específica para disminuir la segregación, como el lenguaje no sexista, etc. Esta formación es abierta para toda la organización, o si no es posible se van segmentando, con la intención de promover un cambio cultural en la organización.

También se destaca, especialmente en estos planes, los protocolos de actuación frente al acoso sexual y por razones de género, que habitualmente se recogen como parte del plan de igualdad. De acuerdo con la información aportada, estos protocolos recogen: a) las vías de comunicación y denuncia de posibles situaciones de acoso respetando la confidencialidad en todo momento; b) a quién dirigirlas y tiempo de respuesta ante una queja; c) procedimientos de actuación, empezando por una investigación del caso para determinar la naturaleza de los hechos que pueden ser tanto una falta, como constatarse que ha ocurrido una situación de acoso; d) desde los momentos iniciales, proporcionar apoyo psicológico y asesoramiento a la presunta víctima, respetando el proceso de investigación iniciado; y e) establecida la naturaleza del caso, determinar si procede la sanción pertinente, que puede ir desde un apercibimiento hasta el despido, según el caso.

Además, como parte de la gestión de la igualdad, se establecen evaluaciones periódicas de seguimiento de indicadores claves de desigualdad, como el acceso a puestos de coordinación, diferencias salariales o de promoción y formación. Se establecen también evaluaciones de seguimiento de las bajas laborales, para monitorizar riesgos laborales con perspectiva de género, como se ha hecho mención en el apartado anterior. En esta línea, los planes de igualdad recogen prácticas organizacionales en ejes como: a) reclutamiento y selección; b) sistema de remuneración y estructura salarial; c) aprendizaje y capacitación; d) desarrollo de carrera y acceso a puestos de responsabilidad y posiciones directivas; d) sistemas de evaluación del desempeño; e) equidad en tareas y ocupaciones (segregación horizontal); y f) medidas de conciliación.

El contenido de los planes de igualdad, de acuerdo con la información obtenida en este estudio, se revisa periódicamente, incorporando también a los datos objetivos recogidos, la información aportada por sus trabajadores y trabajadoras. Esto permite detectar, por una parte, situaciones de desigualdad o que puedan derivar en discriminación por razones de género; y por otra parte, incorporar nuevas circunstancias en la organización, como ha sido el caso del teletrabajo, que ha tomado fuerza como medida de conciliación en los últimos años. También se cuenta, en el desarrollo de esta medida, con la participación y el asesoramiento con asociaciones, cátedras y otras iniciativas relacionadas con la temática de la igualdad.

Rocío López-Cabrera y Donatella Di Marco

3.3. Prácticas organizacionales

En este último apartado se describen prácticas organizacionales desarrolladas por las empresas participantes, así como las dificultades a las que tienen que hacer frente para promover una PRL con perspectiva de género.

3.3.1. Reclutamiento y selección

Según la información aportada por los expertos y expertas participantes, en los planes de igualdad se refleja como un valor fundamental la igualdad de oportunidades en el acceso al trabajo, estableciendo estrategias, durante los procesos de selección, que promuevan la entrada equitativa de mujeres, así como otros tipos de diversidad.

Durante la fase de reclutamiento, desde la perspectiva de género, se promueve el acceso tanto de hombres como mujeres a los puestos. Se intenta de esta manera redactar las ofertas de trabajo de forma atractiva, para que ambos perfiles deseen presentarse como candidatos/as al puesto. No obstante, algunos sectores muy masculinizados (p. ej., en los puestos relacionados con las STEM) encuentran muchos problemas para que haya mujeres que accedan a sus ofertas de empleo.

Hemos ido trabajando el proceso de selección para promover la incorporación de mujeres, incluyendo de forma explícita que nuestras ofertas están abiertas para mujeres, hombres y también otros tipos de diversidad, evitando que ningún colectivo pueda sentirse discriminado [...] El problema es que no hay aplicaciones a determinados puestos por parte de mujeres, a pesar de ello. Por eso, intentamos llevar a cabo una labor de captación de candidatas, tanto en centros de formación como en colaboración con otros organismos, en un esfuerzo por reducir la segregación en sectores muy masculinizados como el nuestro.

En estos casos, los/as participantes refieren que se intentan tomar medidas para promover el interés de las mujeres en estos trabajos, por ejemplo, mediante campañas publicitarias, actividades con modelos de rol entre sus empleadas, seminarios y charlas en instituciones educativas para promover que las niñas y mujeres se interesen por estas profesiones. También desde RR. HH. se recoge información estadística de la respuesta a las ofertas de empleo y se hacen continuos ajustes para promover el interés de las mujeres, por ejemplo, revisando el lenguaje inclusivo, para evitar sesgos de género. Aun así, los resultados que se obtienen en estos estudios constatan que hay empleos en los que las mujeres no muestran interés, coincidiendo, muchas veces, con puestos de alta disponibilidad horaria que dificultan la conciliación, elevado riesgo y alto esfuerzo físico, condiciones climáticas poco favorables, desplazamientos habituales o que requieren una titulación técnica en la que socialmente está instaurada una baja presencia de mujeres desde las etapas de formación.

Además, durante el proceso de selección, algunas de las organizaciones indican que, en línea con la cultura organizacional, a igualdad de méritos en el CV y experiencia entre candidatos y candidatas, se impulsa la contratación de mujeres para sus puestos vacantes. Este criterio atiende a varias razones. Según se apunta en las sesiones del estudio, con esta medida se pretende promover culturalmente la igualdad en las organizaciones y en la sociedad, facilitando la igualdad de oportunidades en todos los ámbitos y puestos. Por ejemplo, si el número de mujeres es muy reducido en las organizaciones, esto limita también su presencia en los consejos de dirección y en comités elegidos en base a las ratios de empleados y empleadas en la empresa, que, en definitiva, son quienes pueden promover cambios y crear políticas de igualdad. Para que las mujeres puedan estar implicadas en esta tarea, evitando la infrarrepresentación femenina, es necesario promover su acceso a la organización desde los procesos de selección y contratación. No obstante, las organizaciones trasladan las dificultades que se encuentran a este respecto en algunos sectores, a pesar de las medidas proactivas que implementan. Además, se promueve la participación de todas las personas de la organización para identificar necesidades a incorporar, mediante cuestionarios y canales de comunicación para sugerencias.

Entre esas acciones proactivas, se encuentran, por ejemplo, las adaptaciones de baremos diferenciados para hombres y mujeres en la evaluación de las aptitudes físicas, adaptados con perspectiva de género. Esta medida ha propiciado en los últimos años una disminución de la segregación en algunos sectores relacionados, por ejemplo, con la seguridad, cuyos mecanismos de acceso limitaban la posibilidad de éxito en los procesos de selección de las mujeres. Tras la implementación de este tipo de medidas, se ha incrementado el número de mujeres que acceden a estos puestos, dado que las candidatas entienden que en estas condiciones tienen opciones reales de acceso, lo que las motiva para presentarse, algo que antes no hacían.

3.3.2. *Sistema de remuneración, estructura salarial y equidad en tareas y ocupaciones*

En lo referente al sistema de remuneración y estructura salarial, las organizaciones refieren la importancia de monitorizar las retribuciones con perspectiva de género. Por una parte, revisando que no haya diferencias entre puestos con tareas similares entre los empleados y las empleadas que los ocupan, por motivo de género. También se realizan estudios y se monitoriza la asignación de los complementos, para evitar que haya diferencias por género y promover la igualdad de oportunidades en las organizaciones.

Por otra parte, también se analizan las tareas y ocupaciones, desde la perspectiva de género, para evitar la segregación horizontal. Para ello se monitoriza la ratio de hombres y mujeres por puesto, y se intenta promover que haya una mayor igualdad en aquellos en los que hay diferencias. Para ello se facilita, por una parte, la formación para que se produzcan promociones internas de personal que ya está contratado en otros departamentos o puestos, como, por otra parte, promover la contratación de nuevo personal con perspectiva de género. No obstante, en estos procesos pueden encontrarse dificultades relacionadas con el interés que las propias mujeres muestran en algunos puestos, dadas las condiciones laborales intrínsecas que presentan (ver apartado de reclutamiento y selección).

Para monitorizar el registro retributivo, se tiene en cuenta el género para evitar la segregación, garantizando que a igualdad de condiciones laborales las mismas condiciones salariales entre hombres y mujeres.

3.3.3. Aprendizaje, capacitación, desarrollo de carrera y acceso a puestos de responsabilidad o posiciones directivas

Otra de las prácticas organizacionales contemplada en los planes de igualdad por ser clave para evitar la segregación, tanto vertical como horizontal, es la formación. En base a los resultados obtenidos se pueden sintetizar tres líneas principales de formación con perspectiva de género:

1. Formación orientada al desarrollo de carrera. Incluye entrenamiento en funciones de determinados puestos de la organización con el fin de posibilitar el acceso a puestos de responsabilidad, así como el cambio de puesto en la organización, si así lo desea la persona. Esta formación también está relacionada con los procesos de selección, dado que se suele especificar en las ofertas de algunos puestos la posibilidad de recibir formación al acceder al mismo. De esta forma se promueve, por ejemplo, que más mujeres envíen sus candidaturas.

2. Formación interna, orientada a ámbitos específicos. Por ejemplo, promoción de la igualdad, prevención del acoso, promoción de la salud, cursos de PRL, que también se recogen en los planes de igualdad y PRL. En este tipo de formación se cuenta también con instituciones externas para formación más especializada cuando es necesario.

ROCÍO LÓPEZ-CABRERA Y DONATELLA DI MARCO

3. Formación externa, incluyendo la que ofrece la organización para promover que las mujeres accedan a determinados sectores, como se ha hecho referencia en apartados anteriores. También para promover la visibilidad de la mujer en puestos directivos, y a mujeres emprendedoras o con cargos de responsabilidad en las empresas. De esta manera, poco a poco, se irá consolidando un cambio cultural, no solo en las organizaciones, sino también en la sociedad, disminuyendo a su vez la segregación por razones de género de forma progresiva y consistente.

Se ha dado el caso de compañeras que han decidido pasar del ámbito más administrativo en la organización a gestionar tareas más técnicas y de más responsabilidad relacionadas, por ejemplo, con la coordinación logística. Desde la empresa se les ha apoyado por supuesto, facilitándoles la formación necesaria y también animando a otras compañeras a que den el paso de pasar a departamentos y puestos más masculinizados, que además supongan avanzar en su carrera profesional, reduciendo la segregación que tradicionalmente existe en este sector.

Estos esfuerzos tienen como objetivo promover la igualdad de oportunidades para promocionar en la organización. Dado que los sistemas de promoción están basados en méritos, las organizaciones señalan que se esfuerzan por poner a disposición de toda su plantilla las herramientas para que puedan adquirir esas competencias.

Esta formación también está orientada a sensibilizar en materias como la igualdad a los empleados y las empleadas. En este sentido, en las organizaciones se intenta promover que las mujeres participen en la toma de decisiones desde los consejos de dirección y que estos se constituyan de manera paritaria. Sin embargo, en algunos departamentos y sectores se enfrentan a desequilibrios en los niveles de paridad debido a la falta de mujeres en el acceso a determinados puestos, como se ha indicado anteriormente.

La comunicación interna es una herramienta muy utilizada para intentar promover la participación tanto en la formación como en los procesos de promoción dentro de la empresa. Se utilizan canales como el correo electrónico, los anuncios en la intranet, o informando directamente a los/as coordinadores y coordinadoras de departamentos y equipos de trabajo durante las reuniones periódicas para que informen directamente a su personal. De esta manera, procuran garantizar que toda la plantilla esté al tanto de estos procesos y pueda formar parte de ellos si así lo desean.

3.3.4. *Medidas de conciliación y sistemas de evaluación del desempeño*

Las organizaciones participantes, como se ha indicado en apartados anteriores, realizan grandes esfuerzos en promover la igualdad y evitar la segregación en sus empresas. En este sentido, una de las medidas más relevantes y apreciadas por el personal son las medidas de conciliación. Estas medidas se promueven como parte de la cultura organizacional, y se incentiva su uso por toda la plantilla, potenciando en este sentido la visualización de hombres corresponsables que las utilizan. De hecho, en los últimos años, aunque las mujeres siguen recurriendo más a este tipo de medidas, los expertos y las expertas participantes apuntan que han percibido un incremento significativo de hombres que deciden hacer uso de las medidas de conciliación, impulsados por la experiencia vivida durante la pandemia de COVID-19.

En la pandemia hubo un momento, al inicio, muy malo para las mujeres por el doble rol. Ellas intentaban asumir toda la carga, pero esta situación fue evolucionando hacia un sentido más equitativo del reparto del trabajo en el hogar. Actualmente parece que se mantiene, y aunque las mujeres siguen utilizando más medidas de conciliación disponibles, ha habido un aumento significativo en los compañeros que las ponen en práctica.

Además, de manera generalizada, para garantizar que todas las personas de la organización tengan acceso y conocimientos de las medidas de conciliación disponibles, se llevan a cabo acciones de difusión de la guía de recursos de conciliación de la vida personal, familiar y laboral, mediante correo electrónico, anuncios en la intranet y la acción de los/as responsables, claves para favorecer junto al resto de compañeros/as la posibilidad de ajustar los turnos y calendarios.

El uso de estas medidas de conciliación es monitorizado periódicamente con perspectiva de género, realizando un informe anual de los permisos y medidas disfrutadas desagregado por tipo de medida y género. Mediante esta monitorización se pretende detectar necesidades y diseñar estrategias para potenciar la difusión y promoción de medidas de conciliación, incluyendo la incorporación de recursos externos mediante convenios (p. ej., guarderías, actividades deportivas).

En este sentido, las organizaciones destacan la importancia de promover la conciliación no solo familiar sino también en el ámbito personal, promoviendo, en definitiva, la flexibilidad para que cada persona pueda ajustar en la medida de lo posible las medidas de conciliación a sus circunstancias. En los últimos tiempos, en la flexibilización de la actividad en cuanto horarios y organización de las tareas y calendarios ha adquirido gran importancia el teletrabajo. También se han incorporado medidas de monitorización y análisis con perspectiva de género de este tipo de iniciativas.

Asimismo, se han incorporado estas medidas en la evaluación del desempeño. Según apuntan las sesiones del estudio, se hace un esfuerzo desde las organizaciones y departamentos responsables para adaptar las evaluaciones de desempeño a la consecución de objetivos, evitando que la adopción de medidas de conciliación pueda ir en detrimento de los resultados de este tipo de evaluaciones.

Para las evaluaciones de desempeño, nos regimos por objetivos, con independencia del uso o no de medidas de conciliación.

4. CONCLUSIONES DE LAS EVIDENCIAS EMPÍRICAS Y LAS BUENAS PRÁCTICAS PROFESIONALES

Sara Corlett
Instituto Universitário de Lisboa (ISCTE-IUL)

Lourdes Munduate
Universidad de Sevilla

4.1. Conclusiones basadas en las evidencias empíricas

Las evidencias empíricas examinadas indican claramente que la segregación de género tanto horizontal como vertical tiene un impacto negativo en la salud laboral de las mujeres. Esta segregación impide que se tengan en cuenta las diferencias de género respecto a la exposición a riesgos laborales con consecuencias negativas para la salud laboral física y psicológica de las mujeres. La situación empeora en aquellos casos en los que las mujeres pertenecen a colectivos especialmente vulnerables o en riesgo de exclusión (interseccionalidad). En estos casos, debido a la discriminación por cuestiones de raza/etnia, sexo/género, discapacidad o pertenencia a colectivos socialmente excluidos, las consecuencias negativas para la salud laboral de las mujeres en esta situación se incrementan.

Respecto a los factores determinantes de la segregación de género, las evidencias empíricas muestran que el origen de esta segregación se basa en cuatro puntos principalmente: a) la perpetuación de los roles de género tradicionales aceptados por la sociedad, b) la discriminación que sufren las mujeres en el entorno laboral, c) las dificultades que experimentan las mujeres en el entorno laboral para el acceso a recursos, puestos directivos y de mando y la consecución de un estatus laboral y d) la elección voluntaria o forzada de las propias mujeres que rechazan puestos con altas exigencias horarias debido a la incompatibilidad con su vida familiar, o la elección preferente de formación y trabajo en sectores ya altamente feminizados.

Para prevenir o tratar de contrarrestar la segregación de género, las evidencias indican que es preciso tener en cuenta una serie de pautas de diagnóstico e intervención en las organizaciones, así como la implantación de una serie de políticas de prevención a nivel social. Las políticas de prevención implican abordar los estereotipos de género que conducen a la segregación, reducir la brecha salarial, crear leyes y normas de conciliación de la vida laboral y familiar, promover el acceso en igualdad de condiciones a las nuevas oportunidades laborales que aportan las innovaciones tecnológicas, alcanzar una mayor flexibilidad en el sistema educativo secundario en la elección de estudios y enriquecer las carreras tecnológicas con artes y humanidades para hacerlas más atractivas.

En lo que respecta a las pautas de intervención y diagnóstico en las organizaciones, la evidencia empírica muestra que estas se deberían basar principalmente en el uso de planes de prevención de riesgos laborales y en la aplicación de una serie de prácticas de igualdad de género:

1. Reclutamiento y selección en igualdad de condiciones para mujeres y hombres.
2. Sistema de remuneración y estructura salarial que evite la brecha salarial de género.
3. Aprendizaje y capacitación con acceso en igualdad a formación para las mujeres.
4. Desarrollo de carrera mediante la promoción laboral en igualdad.
5. Acceso a puestos de responsabilidad y representación de las mujeres directivas en las áreas estratégicas de la organización.
6. Sistemas de evaluación del desempeño que tengan en cuenta las circunstancias específicas de mujeres y hombres.
7. Equidad en tareas y ocupaciones para mujeres y hombres.
8. Comunicación organizacional con perspectiva de género.
9. Medidas de conciliación con acceso en igualdad para mujeres y hombres.
10. Redes formales e informales no excluyentes para las mujeres.
11. Implantación de una cultura organizacional con perspectiva de género.
12. Evaluación y seguimiento de las políticas y las prácticas organizacionales.

4.2. Conclusiones basadas en las buenas prácticas organizacionales

El estudio de campo realizado, examinando las prácticas llevadas a cabo por las organizaciones para prevenir y evitar la segregación de género basado en entrevistas y grupos focales, indicó que las organizaciones analizadas muestran, en general, un elevado nivel de compromiso y preocupación para lograr una efectiva prevención y reducción de la segregación de género. Estas organizaciones aplican la mayoría de las medidas que se sugieren desde la evidencia empírica. Por lo tanto, se concluye que están al día en lo que respecta a poner en práctica los conocimientos actuales en materia de segregación de género. Además, muchas de estas organizaciones desarrollan medidas realmente innovadoras y que conllevan, en algunos casos, la asignación de recursos importantes, mostrando el gran interés por lograr una solución real a este tema.

Sin embargo, a pesar del esfuerzo que realizan las organizaciones mediante la aplicación de buenas prácticas, hay que señalar que en ocasiones estas tienen dificultades o limitaciones para aplicar ciertas medidas de prevención y reducción de la segregación de género que se concretan en:

1. Dificultad para adquirir equipos de protección individual o EPI específicos para mujeres en algunas ocupaciones.
2. Algunos planes de prevención contemplan exclusivamente el peso que se maneja en cada puesto y no las características físicas de quien lo ocupa, obviando las diferencias de género y aumentando el riesgo de sufrir problemas musculoesqueléticos para las mujeres.
3. No todas las organizaciones incorporan en PRL el aspecto psicológico y emocional con perspectiva de género. Aunque los técnicos de RR. HH. están sensibilizados ante este tema, este aspecto está todavía en evolución y debe mejorarse por parte de la dirección de algunas organizaciones, así como contemplar los riesgos psicosociales desde una perspectiva de género.
4. Las mujeres siguen siendo las que más solicitan medidas de conciliación como el teletrabajo, y están más expuestas a mayores niveles de estrés, debido a un doble rol o dificultades de desconexión en el hogar. Por otra parte, no todos los puestos se pueden adaptar al teletrabajo reduciendo las posibilidades de flexibilidad.
5. Aunque en muchos casos los técnicos de PRL tanto internos como externos son mujeres, en los sectores muy masculinizados la presencia de mujeres empleadas que participen en los procesos de PRL es muy escasa y en algunas organizaciones inexistente. A esta cuestión hay que sumarle el hecho de que algunas mujeres renuncian a acceder a puestos como delegada de PRL en su organización debido a conflictos con su vida personal y familiar, principalmente. Por lo

tanto, la conciliación juega un importante papel en este tema que todavía ha de mejorarse.

6. En el sector tecnológico relacionado con las STEM, las organizaciones encuentran muchos problemas para lograr una paridad de género debido a que todavía hay pocas mujeres que respondan a sus ofertas de empleo. Esto también dificulta el acceso de las mujeres a puestos directivos en estas organizaciones.

7. A pesar de las medidas implementadas, se sigue constatando la existencia de una brecha salarial que discrimina a las mujeres respecto a sus retribuciones. La evaluación del desempeño basada en la igualdad de género y el acceso en igualdad de condiciones a promoción laboral juega aquí un papel fundamental.

4.3. Conclusiones generales

Este informe evidencia que actualmente se ha avanzado enormemente en el conocimiento teórico del problema subyacente a la segregación de género aportando una gran cantidad de evidencias empíricas que esclarecen los mecanismos por los que se produce y aportando soluciones aplicables en la práctica. Por otra parte, las organizaciones han recogido el testigo y están realizando un gran esfuerzo para prevenir y reducir la segregación de género en su seno, mediante buenas prácticas laborales. Sin embargo, aún queda camino por recorrer tanto en el campo teórico como en el aplicado. Todavía estamos lejos de conocer todos los fenómenos que acompañan a la segregación de género y mucho más lejos de lograr una efectiva igualdad de género en el entorno laboral que conllevaría una erradicación de la segregación. Por lo tanto, a pesar de los avances positivos alcanzados, tanto las investigadoras e investigadores como las personas responsables de RR. HH. y PRL, la dirección de las organizaciones y la sociedad en general han de seguir haciendo un esfuerzo para evitar la segregación de género y sus consecuencias negativas en la salud física, psicológica y emocional de las mujeres en el entorno laboral.

REFERENCIAS

Abrahamsson, L. (2002). Restoring the order: Gender segregation as an obstacle to organisational development. *Applied Ergonomics, 33*(6), 549-557.

Agencia europea para la Seguridad y la Salud en el Trabajo (2014). *New risks and trends in the safety and health of women at work. European Risk Observatory: A summary of an agency report.* https://osha.europa.eu/en/publications/new-risks-and-trends-safety-and-health-women-work

Agencia europea para la Seguridad y la Salud en el Trabajo (2016). *Women and the ageing workforce: Implications for Occupational Safety and Health. A research review.* https://osha.europa.eu/en/publications/women-and-ageing-workforce-implications-occupational-safety-and-health-research-review/view

Agencia europea para la Seguridad y la Salud en el Trabajo (2023a). *Employment trends and their impact on women's OSH.* https://oshwiki.osha.europa.eu/en/themes/employment-trends-and-their-impact-womens-osh

Agencia europea para la Seguridad y la Salud en el Trabajo (2023b). *Women at Work: An Introduction.* https://oshwiki.osha.europa.eu/en/themes/women-work-introduction

Alksnis, C., Desmarais, S. y Curtis, J. (2008). Workforce Segregation and the Gender Wage Gap: Is "Women's" Work Valued as Highly as "Men's"? *Journal of Applied Social Psychology, 38*(6), 1416-1441.

Barberá, E. (Coord.) (2005). *Género y diversidad en un entorno de cambio.* Editorial de la Universidad Politécnica de Valencia.

Barberá, E., Ramos, A. y Candela, C. (2011). Laberinto de cristal en el liderazgo de las mujeres. *Psicothema, 23*(2), 173-179.

Blackburn, R. M. y Jarman, J. (2006). Gendered occupations: Exploring the relationship between gender segregation and inequality. *International Sociology, 21*(2), 289-315.

Blackburn, R. M., Browne, J., Brooks, B. y Jarman, J. (2002). Explaining gender segregation. *The British Journal of Sociology, 53*(4), 513-536.

Blackburn, R. M., Jarman, J. y Racko, G. (2016). Understanding gender inequality in employment and retirement. *Contemporary Social Science, 11*(2-3), 238-252.

Bloch, K. R., Taylor, T., Church, J. y Buck, A. (2021). An intersectional approach to the glass ceiling: gender, race and share of middle and senior management in US workplaces. *Sex Roles, 84*(5), 312-325.

Boletín Oficial del Estado (2020). *Real Decreto 902/2020, de 13 de octubre, de igualdad retributiva entre mujeres y hombres.* https://www.boe.es/buscar/pdf/2020/BOE-A-2020-12215-consolidado.pdf

Braddy, P. W., Sturm, R. E., Atwater, L., Taylor, S. N. y McKee, R. A. (2020). Gender bias still plagues the workplace: Looking at derailment risk and performance with self-other ratings. *Group & Organization Management, 45*(3), 315-350.

Burke, J. M. y Attridge, M. (2011). Pathways to Career and Leadership Success: Part 2–Striking Gender Similarities Among $100k Professionals. *Journal of Workplace Behavioral Health, 26*(3), 207-239.

Castaño, C., Martín, J., Vázquez, S. y Martínez, J. L. (2010). Female executives and the glass ceiling in Spain. *International Labour Review, 149*(3), 343-360.

Catalyst (2002). *Women in Leadership: A European Business Imperative.* Catalyst.

Cha, Y. (2013). Overwork and the persistence of gender segregation in occupations. *Gender & Society, 27*(2), 158-184.

Chan-Serafin, S., Teo, L., Minbashian, A., Cheng, D. y Wang, L. (2017). The perils of dating your boss: The role of hierarchical workplace romance and sex on evaluators' career advancement decisions for lower status romance participants. *Journal of Social and Personal Relationships, 34*(3), 309-333.

Chang, E. H. y Milkman, K. L. (2020). Improving decisions that affect gender equality in the workplace. *Organizational Dynamics, 49*(1), 100709.

Comisión Europea (2010). *More women in senior positions.* Key to Economic Stability and Growth. https://eur-lex.europa.eu/resource.html?uri=cellar:fa515107-36e5-4870-8a17-afc442635d0c.0001.03/DOC_2&format=PDF

Comisión Europea (2014). *A new method to understand occupational gender segregation in European labour markets.* https://op.europa.eu/es/publication-detail/-/publication/2f6938c9-86ac-11e5-b8b7-01aa75ed71a1

Cook, A. y Glass, Ch. (2014). Women and Top Leadership Positions: Towards an Institutional Analysis. *Gender, Work and Organization, 21*(1), 91-103.

Dämmrich, J. y Blossfeld, H. P. (2017). Women's disadvantage in holding supervisory positions. Variations among European countries and the role of horizontal gender segregation. *Acta Sociologica, 60*(3), 262-282.

Dashper, K. (2017). Challenging the gendered rhetoric of success? The limitations of women only mentoring for tackling gender inequality in the workplace. *Gender, Work and Organization, 26*, 541-557.

Davidson, M. J. y Cooper, C. L. (1992). *Shattering the Glass Ceiling: The Woman Manager.* Paul Chapman Publishing.

Di Stasio, V. y Larsen, E. N. (2020). The racialized and gendered workplace: applying an intersectional lens to a field experiment on hiring discrimination in five European labor markets. *Social Psychology Quarterly, 83*(3), 229-250.

Diehl, A. B. y Dzubinski, L. M. (2016). Making the invisible visible: A cross-sector analysis of gender-based leadership barriers. *Human Resource Development Quarterly, 27*(2), 181-206.

Eagly, A. H., Wood, W. y Diekman, A. B. (2000). Social role theory of sex differences and similarities: A current appraisal. En T. Eckes y H. M.

Trautner (Eds.), *The developmental social psychology of gender* (pp. 123-174). Lawrence Erlbaum Associates Publishers.

Eurofound (2021). *Working conditions and sustainable work: An analysis using the job quality framework.* Challenges and prospects in the EU series. Publications Office of the European Union.

Forssberg, K. S., Parding, K. y Vänje, A. (2020). Conditions for workplace learning: a gender divide? *Journal of Workplace Learning, 33*(4), 302-314.

García-Izquierdo, A. L. y García-Izquierdo, M. (2007). Discriminación, igualdad de oportunidades en el empleo y selección de personal en España. *Revista de Psicología del Trabajo y de las Organizaciones, 23*(1), 111-138.

García-Mainar, I., Montuenga, V. M. y García-Martín, G. (2018). Occupational prestige and gender-occupational segregation. *Work, Employment and Society, 32*(2), 348-367.

González, M. (2011). Salud laboral y género: Apuntes para la incorporación de la perspectiva de género en el ámbito de la prevención de riesgos laborales. *Medicina y Seguridad del Trabajo, 57*, 89-114.

Guinea-Martin, D., Mora, R., y Ruiz-Castillo, J. (2015). The joint effect of ethnicity and gender on occupational segregation. An approach based on the Mutual Information Index. *Social Science Research, 49*, 167-178.

Guinea-Martin, D., Mora, R. y Ruiz-Castillo, J. (2018). The evolution of gender segregation over the life course. *American Sociological Review, 83*(5), 983-1019.

He, J. C., Kang, S. K., Tse, K. y Toh, S. M. (2019). Stereotypes at work: Occupational stereotypes predict race and gender segregation in the workforce. *Journal of Vocational Behavior, 115.* https://doi.org/10.1016/j.jvb.2019.103318

Howe-Walsh, L. y Turnbull, S. (2016). Barriers to women leaders in academia: tales from science and technology. *Studies in Higher Education, 41*(3), 415-428.

Hurley, D. y Choudhary, A. (2016). Factors influencing attainment of CEO position for women. *Gender in Management: An International Journal, 31*(4), 250-265.

Instituto Andaluz de la Mujer (2021). *Guía informativa sobre brecha salarial y feminización de la pobreza.* https://www.juntadeandalucia. es/institutodelamujer/index.php/6-efectos-de-la-crisis-matrimonial/ guia-informativa-sobre-brecha-salarial-y-feminizacion-de-la-po-breza-en-materia-de-igualdad-aplicate-la-formula-de-la-igual-dad-22-de-febrero-dia-de-la-igualdad-salarial

Instituto de Estadística y Cartografía de Andalucía (2021). *El Mercado de Trabajo en Andalucía. Datos estructurales.* https://www.juntadeandalu-cia.es/institutodeestadisticaycartografia/merctrab/mtInd06.html

Instituto Europeo para la Igualdad de Género (2017). Gender segregation in education, training, and the labour market. In *Emerging findings from the Beijing Platform for Action report,* STEM Gender Equality Congress European Congress, March (pp. 8-9).

Jarman, J., Blackburn, R. M. y Racko, G. (2012). The dimensions of oc-cupational gender segregation in industrial countries. *Sociology, 46*(6), 1003-1019.

Jonnergard, K., Stafsudd, A. y Elg, U. (2010). Performance evaluations as gender barriers in professional organizations: a study of auditing firms. *Gender, Work y Organization, 17*(6), 721-747.

Leijon, M., Hensing, G. y Alexanderson, K. (2004). Sickness absence due to musculoskeletal diagnoses: association with occupational gender segregation. *Scandinavian Journal of Public Health, 32*(2), 94-101.

Leijon, O., Bernmark, E., Karlqvist, L. y Härenstam, A. (2005). Awkward work postures: association with occupational gender segregation. *American Journal of Industrial Medicine, 47*(5), 381-393.

Lindsay, C. P. y Pasquali, J. M. (1993). The wounded feminine: from orga-nizational abuse to personal healing. *Business Horizons, 36*(2), 35-41.

Llorente-Heras, R. (2020). *Impacto del COVID-19 en el mercado de tra-bajo: un análisis de los colectivos vulnerables.* Instituto Universitario de Análisis Económico y Social (IAES). Universidad de Alcalá.

Maddock, S. y Parkin, D. (1993). Gendered cultures, women's choices and strategies at work. *Women in Management Review, 8*(2), 3-9.

Maier, M. (1999). On the gendered substructure of organization. In G. N. Powell (Ed.), *Gender and Work* (pp. 69-94). Sage Publications.

Marshall, J. (1992). Organisational cultures: attempting to change often means more of the same. *Women in Organisations and Management, 3,* 4-7. https://doi.org/10.1111/j.1464-0597.1993.tb00747.x

Matsa, D. y Miller, A. (2011). Chipping away at the glass ceiling: gender spillovers in corporate leadership. *American Economic Review: Papers, and Proceedings, 101*(3), 635-639.

Melsom, A. M. y Mastekaasa, A. (2018). Gender, occupational gender segregation and sickness absence: longitudinal evidence. *Acta Sociologica, 61*(3), 227-245.

Morris, J. A. y Feldman, D. C. (1996). The dimensions, antecedents, and consequences of emotional labor. *Academy of Management Review, 21*(4), 986-1010.

Nally, T., Taket, A. y Graham, M. (2019). Exploring the use of resources to support gender equality in Australian workplaces. *Health Promotion Journal of Australia, 30*(3), 359-370.

Organización de las Naciones Unidas (2015). *Objetivos de desarrollo sostenible. Objetivo 5.* https://www.un.org/sustainabledevelopment/es/gender-equality/

Organización Internacional del Trabajo (2004). *Global Employment Trends.* International Labour Office. https://www.ilo.org/projects-and-partnerships/projects/global-employment-trends-and-related-reports

Organización Internacional del Trabajo (2013). *10 Keys for Gender Sensitive OSH Practice – Guidelines for Gender Mainstreaming in Occupational Safety and Health.* https://www.ilo.org/publications/10-keys-gender-sensitive-osh-practice-guidelines-gender-mainstreaming

Organización Internacional del Trabajo (2016). *Gender identity and sexual orientation: promoting rights, diversity and equality in the world of work.* https://www.ilo.org/projects-and-partnerships/projects/gender-identity-and-sexual-orientation-promoting-rights-diversity-and-0

Organización Mundial de la Salud (2011). *Crear lugares de trabajo saludables y equitativos para hombres y mujeres. Guía para empleadores y representantes de los trabajadores.*

Östlin, P. (2005). *Incorporar la perspectiva de género en la equidad en la salud: un análisis de la investigación y las políticas* (vol. 14). Pan American Health Org.

Petrongolo, B. (2004). Gender segregation in employment contracts. *Journal of the European Economic Association, 2*(2-3), 331-345.

Ramos, A., Latorre, F., Tomás, I. y Ramos, J. (2022). TOP WOMAN: Identifying barriers to women's access to management. *European Management Journal, 40*(1), 45-55.

Red Retorno Social de la Inversión (2012). *Guía para el Retorno Social de la Inversión (SROI).* https://vinculacion.uam.mx/documentos/convocatorias/MATERIALES_DE_CONSULTA/GUIA_DE_RSI_GRUPO_CIVIS.pdf

Soleymanpour Omran, M., Alizadeh, H. y Esmaeeli, B. (2015). The analysis of glass ceiling phenomenon in the promotion of women's abilities in organizations. *International Journal of Organizational Leadership, 4,* 315-323.

Tassier, T. (2008). Referral hiring and gender segregation in the workplace. *Eastern Economic Journal, 34*(4), 429-440.

Tienari, J., Meriläinen, S., Holgersson, C. y Bendl, R. (2013). And then there are none: on the exclusion of women in processes of executive search. *Gender in Management: An International Journal, 28*(1), 43-62.

Tophoven, S., Du Prel, J. B., Peter, R. y Kretschmer, V. (2015). Working in gender-dominated occupations and depressive symptoms: findings from the two age cohorts of the lidA study. *Journal for Labour Market Research, 48*(3), 247-262.

Trancón, N. C. (2020). Intervención normativa ante los riesgos psicosociales laborales con perspectiva de género. *Revista de Relaciones Laborales, 44,* 278-308.

Urbiola, A. y Vázquez, Á. (2015). El género como una perspectiva para el análisis de las organizaciones. *Revista de Ciencias Sociales y Humanidades, 77*, 159-189.

Vallejo, P. R. (2008). Salud y género: perspectiva de género en la salud laboral. *Revista del Ministerio de Trabajo y Asuntos Sociales,* (74), 227-286.

Wodhams, C., Lupton, B. y Cowling, M. (2015). The presence of ethnic minority and disabled men in feminised work: Intersectionality, vertical segregation and the glass escalator. *Sex Roles, 72*(7), 277-293.

Wright, T. (2014). Gender, sexuality and male-dominated work: the intersection of long-hours working and domestic life. *Work, Employment and Society, 28*(6), 985-1002.

ANEXO 1. NORMATIVA LEGAL RESPECTO A LA SEGREGACIÓN DE GÉNERO

- Directiva 2006/54/CE del Parlamento Europeo y del Consejo, de 5 de julio de 2006.
- Ley Orgánica 3/2007, de 22 de marzo, para la Igualdad Efectiva de Mujeres y Hombres.
- Ley 12/2007, de 26 de noviembre, para la promoción de la igualdad de género en Andalucía.
- Recomendación de la Comisión Europea (2014/124/UE), de 7 de marzo de 2014.
- Estatuto de los Trabajadores (Real Decreto Legislativo 2/2015, de 23 de octubre).
- Plan de Acción de la UE 2017-2019. Abordar la brecha salarial entre mujeres y hombres.
- Ley 9/2018, de 8 de octubre, de modificación de la Ley 12/2007. Ley andaluza de igualdad.
- Real Decreto Ley 6/2019, de 1 de marzo de medidas urgentes de la igualdad de trato y de oportunidades entre mujeres y hombres.

- El Real Decreto 901/2020, de 13 de octubre, por el que se regulan los planes de igualdad y su registro.
- Real Decreto 902/2020, de 13 de octubre, de igualdad retributiva entre mujeres y hombres.